# LLM 상담과 심리 치료

인공지능총서

인공지능 시대입니다. 기계가 인간의 인지를 대신하고, 사물이 인간을 통하지 않고 다른 사물과 직접 커뮤니케이션합니다. 이에 따른 인간 삶과 문명 변화를 정확히 이해 · 예측 · 대응하는 것은 이 시대 우리 모두의 과제입니다. 인공지능총서는 인공지능 기술과 환경의 여러 주제를 10가지 키워드로 정리합니다. 관련 개념과 이론, 학계와 산업계의 쟁점, 우리 일상의 변화를 다룹니다. 인간과 기술의 현재, 미래를 세심히 분석합니다.

일러두기

- 인명, 작품명, 저서명, 개념어 등은 한글과 함께 괄호 안에 해당 국가의 원어를 병기했습니다.
- 외래어 표기는 현행 어문규정의 외래어표기법을 따랐습니다.

처음이세요?

전문가세요?

# LLM 상담과 심리 치료

강수정

대한민국, 서울, 커뮤니케이션북스, 2025

LLM 상담과 심리 치료

지은이 강수정
펴낸이 박영률

초판 1쇄 펴낸날 2025년 8월 22일

커뮤니케이션북스(주)
출판 등록 2007년 8월 17일 제313-2007-000166호
02880 서울시 성북구 성북로 5-11
전화(02) 7474 001, 팩스(02) 736 5047
commbooks@commbooks.com
www.commbooks.com



ISBN 979-11-430-0680-6 03500

책값은 뒤표지에 표시되어 있습니다.

# 차례

# LLM, 기회 또는 위협

## 예측할 수 없는 시대, AI의 발전과 적응

약 5년 전, 상담자 중 21%가 '인터넷을 통한 상담은 비윤리적이다'라고 응답한 바 있다(김하정 · 장재홍, 2021). 이 결과가 다시 주목된 시기는 전례 없는 코로나19 팬데믹 기간이었다. 당시 우리는 새로운 기준에 맞추어 생활과 직업 환경, 업무 수행 방식을 변화시키고 적응해야 했다. 디지털 미디어를 활용한 상담이 비윤리적으로 여겨지던 시점에서 불과 몇 년 만인 2022년에는 전체 상담자의 91%가 비대면 상담을 경험했다고 응답했다(강수정 외, 2024). 이처럼 당시의 상담자들은 대면이라는 물리적 한계를 넘어 디지털 환경에서도 효과적인 치료적 상호 작용을 수행해야 하는 전환의 시기를 맞이했다.

지금은 어느 정도 익숙해진 비대면 상담이지만, 그때 상담자들에게 비대면 상담이나 디지털 미디어의 활용은 새로운 기회이자 위협이었다(강수정 외, 2024). 이러한 변화는 상담실을 직접 찾기 어려운 내담자들에게 상담 접근성을 높였고, 상담자에게도 평소 접하기 어려웠던 다양한 사례와 내담자들을 만날 수 있는 새로운 장을 열어 주었다.

반면, 비대면 상담은 상담자들에게 준비되지 않은 환경이었다. 온라인상에서 치료적 접촉이나 상담 관계의 형성이 충분히 가능할지 의문이 들었다. 위기 상황에 어떻게 개입할 것인지, 상담이 단지 편의성에 치우친다면 그것이 과연 치료적일 수 있는지 등, 이전에는 깊이 고찰되지 않았던 윤리적 · 실천적 질문들이 새롭게 제기되었다.

이러한 기준은 여전히 정립되는 과정에 있지만, 팬데믹 이후 약 5년이 지난 현재, 상담자들은 어느 정도 적응해 나가고 있는 것으로 보인다. 비대면 상담을 비롯한 디지털 미디어의 활용은 자연스레 상담자의 직업적 활동에 흡수되었고, 이제 상담자 대부분은 기술의 적용 가능성을 더는 부정하지 않는다.

그리고 다시, 상담 및 심리 치료에는 또 다른 변화가 도래했다. 대규모 언어 모델(Large Language Model, LLM)을 기반으로 한 생성형 AI(Artificial Intelligence)가 등장했다. AI의 상담 적용 가능성은 코로나19 이전부터 제기되어 왔으며, 팬데믹은 이러한 기술 발전에 분명한 가속도를 더했다. 그럼에도 당시에는, 고맥락적이고 복잡하며 관계 중심적인 상담 영역을 AI가 재현하기에는 여전히 '걸음마 수준'이라는 인식이 우세했다. 하지만 컴퓨터 기술 발달과 비용 절감으로 인해 LLM은 언어 처리의 기본적인 모델로 부상했고, 자연어 이해와 생성을 중심으로 한 활용 패러다임을 재정립했다(Kaddour et al., 2023). 특히 2017년, 자기-주의(self-attention) 메커니즘을 토대로 하는 트랜스포머(transformer) 아키텍처(Vaswani et al., 2017)가 LLM에 도입됨으로써 모델의 처리 속도와 의미 표현력, 확장성은 비약적으로 향상되었다.

2022년 오픈AI의 챗지피티(ChatGPT) 등 생성형 AI가 대중에 공개된 이후, 관련 기술은 폭발적으로 진화하고 있다. 2025년 5월 발행된 《2024 지능정보사회 이용자 패널조사》에 따르면, 한국인 4명 중 1명이 생성형 AI를 사용한 경험이 있다고 응답했다(방송통신위원회 · 정보통신정책연구원, 2025). 이는 전년 대비 두 배 증가한 수치다. 사용자의 57.2%는 '텍스트 생성'을 위해 사용했으며, 69.5%는 "대화를 나눌 상대가 필요해서 사용했다"라고 답했다.

이처럼 기술 발전과 대중의 수요가 맞물리면서, AI 변화의 속도는 더욱 가팔라지고 그 범위 또한 빠르게 확장되고 있다. 이러한 급격한 변화는 상담자의 가장 가까운 일상 속 장면에서도 포착된다. 최근에는 상담자를 만나지 않는 날, 생성형 AI 챗봇과 상담을 진행했다고 말하는 내담자들이 점차 늘고 있다. 상담자가 기술 활용에 큰 관심이 없더라도, 내담자가 먼저 흥미를 보이고 실제 상담에 적용하기 시작한다면, LLM의 등장을 '나는 기계를 모른다'라는 태도로만 넘기기에는 더 이상 어려운 시대가 될지도 모른다.

## LLM의 도입, 상담자가 해야 할 질문

LLM의 등장 이후, 이를 둘러싼 다양한 논의와 조사가 이어지고 있다. 생성형 AI가 인간의 수행 능력을 어디까지 따라잡을 수 있는지(Achiam et al., 2023), 직업 시장에 어떤 변화를 불러올지(Eloundou et al., 2023), 인간의 직업과 직무, 역할을 어느 범위까지 대체할 수 있을지, 우리는 이러한 기술 발전을 얼마나 위협적으로 인식하는지(APA, 2023) 등이 주요 쟁점으로 제기되었다. 그렇다면 상담자는 어떠한가? 상담 및 심리 치료 영역에서 LLM의 등장은 과연 기회일까, 아니면 위협일까?

기회의 관점에서는 LLM이 적용된 AI 프로그램들이 상담 접근성을 크게 높이고, 정보 기반 개입을 지원하며,

반복적이고 정형화된 업무를 효과적으로 대체할 수 있다고 본다. 이에 따라 상담자는 더 창의적이고 관계적인 핵심 업무에 집중할 수 있으며, 궁극적으로 상담의 질 향상도 기대할 수 있다. 특히 인간 상담자를 만나기 어려운 내담자들이 저비용으로 시간과 장소의 제약 없이 상담 서비스를 이용할 수 있게 됨에 따라, 전반적인 정신 건강 개선에 이바지할 것이라는 낙관적인 전망도 존재한다.

반면 위협의 관점에서는 상담이 본질적으로 인간 특유의 정서적 민감성, 관계성, 그리고 맥락에 대한 직관적 이해에 기반한다고 강조한다. 이러한 요소들은 LLM을 활용한 AI 기술이 쉽게 모방하거나 대체하기 어려운 부분이다. 기술 도입이 상담의 깊이를 얕게 만들고, 인간의 복잡성을 단순화할 위험이 있다는 우려도 있다. 더불어 예상하기 어려운 윤리적 문제들을 어느 정도 인식하고 관리할 수 있을지에 대한 고민도 간과할 수 없다.

그러나 LLM 기반 AI의 등장은 피할 수 없는 흐름이며, 이를 단순한 이분법적 시각으로만 바라보기는 어렵다. 역설적으로, 이 변화를 오직 기회로만 여기는 이들은 기술의 한계나 상담 및 심리 치료의 고유성을 비판적으로 성찰하지 못한 채, 깊은 사유 없이 기술 낙관주의에 빠져 자칫 윤리적 경계를 흐리는 미끄러운 비탈길에 설 수 있다. 반대로, 이를 위협으로만 인식하고 경험 자체를 거부하는 이들은 기술의 유용성과 불가피성에 대한 진지한 고민 없이 현실을 회피하며, 결국 변화하는 문화와 소통하지 못한 채 고정된 실천 방식에 자신을 가두는 문화적 캡슐화(cultural encapsulation) 상태에 머물 가능성이 있다.

이러한 맥락에서 중요한 질문은 다음과 같다.

> (1) LLM을 비롯한 급격한 변화 속에서 상담자는 무엇을 새롭게 갈고닦아야 하는가? (새로운 지식과 태도, 그리고 경험의 습득)
>
> (2) 상담자는 무엇을 질문하고 탐구하며 증명해야 하는가? (과학자적 태도와 실천)
>
> (3) 상담에서 가장 핵심적이고 변하지 않는 가치는 무엇이며, 그것을 어떻게 지켜낼 것인가? (상담의 본질 추구)

이 질문들은 상담 및 심리 치료가 절대적인 과학도, 절대적인 예술도 아닌, 두 영역이 유기적으로 통합된 독특한 실천임을 다시금 상기시킨다. 이에 따라 이 책은 '수용'과 '변화'라는 두 가지 구조를 통해 이러한 문제를 탐색하고자 한다. '수용'은 기술적 변화와 환경의 전환을 비판 없이 받아들이는 것이 아니라, 현재 상황을 분별력 있게 이해하고 그 안에서 가장 지혜로운 태도와 관계 맺음을 모색하는 자세다. '변화'는 그러한 수용을 바탕으로, 상담의 본질이 흔들리지 않도록 기술의 흐름에 주체적으로 참여하며 실천적 대응을 이어 가는 과정이다.

## 책의 초점과 구성

상담 및 심리 치료는 기본적으로 언어를 매개로 한 인간 상호 작용에 중심을 둔다. 이러한 특성으로 인해, 이 책은 생성형 AI라는 광범위한 기술 범주보다 언어 이해와 생성에 특화된 LLM에 주목하기로 한다. LLM은 방대한 텍스트 데이터를 학습하여 인간 언어의 맥락과 뉘앙스, 감정을 처리할 수 있는 능력을 갖추고 있으나, 동시에 상담 영역에서 요구되는 정서적 민감성, 비언어적 신호의 해석, 상황별 복잡한 맥락 이해 등은 아직 완전하게 대체하거나 모방하기 어렵다. 이에 이 책은 LLM의 기능적 가능성과 한계를 구체적으로 탐구하고, 기술적 진보가 상담 및 심리 치료의 실무, 수련 및 연구에 미치는 영향을 평가하는 데 집중한다.

이 책은 먼저 LLM이라는 기술적 현상을 과학적으로 이해하는 데서 출발한다. 그 유용성과 잠재적 강점뿐 아니라, 동시에 불가피하게 드러나는 한계와 취약점 또한 함께 살펴본다. 이어서 인간 상담자를 비롯해 상담과 심리 치료에 관여하는 다양한 실천 주체들이 이러한 변화를 어떻게 받아들이고, 어떤 태도와 실천을 통해 의미 있게 응답할 수 있을지 모색한다.

1장은 LLM의 원리와 상담 및 심리 치료에 대한 기본 개념을 다룬다. 상담 및 심리 치료를 전공하는 사람들은 LLM이 어떤 원리와 기능을 갖추고 있는지 이해해야 하며, 반대로 LLM을 상담 및 심리 치료 분야에 적용하고자 하는 사람들은 상담과 치료의 정의 및 원리를 파악해야 한다.

2장에서는 LLM 기반 상담 및 심리 치료의 활용 현황을 살펴본다. AI 상담에 대한 수요는 LLM 대중화 이전부터 있었으나, AI가 '주머니 속 상담자'로 언제든 대화할 수 있다는 인식은 챗지피티 등장 이후 확산되었다. 이에 내담자, AI 상담 산업, 상담 실무자와 연구자 등 다양한 이해관계자의 관점에서 LLM 기반 상담의 활용 사례와 연구 동향을 제시한다.

3장에서는 LLM이 상담 및 심리 치료 분야에 도입될 때, 인간 상담자와 어떤 수준에서 협력하며 개발 · 운영될 수 있을지 살펴본다. 이 논의는 단순히 LLM이 인간을 대체하는지에 국한되지 않고, 인간이 어디까지 능동적으로 개입할 수 있으며 LLM으로부터 어떤 치료적·행정적 지원을 받을 수 있는지를 명확히 정리할 필요가 있기 때문이다.

4장은 LLM이 활용된 상담 및 심리 치료의 효과와 한계를 알아본다. LLM 기반 상담은 인간 상담자와 비견하여 유사한 효과를 보일 것인가? LLM 기반 상담 성과에 관한 선행 연구를 조사하면서 LLM의 효과와 한계의 양면성을 살펴본다. 동시에 전문가로서 인간 상담자가 갖춰야 할 자세를 비판적으로 성찰하고자 한다.

5장에서는 상담 및 심리 치료 이론을 LLM이 어떻게 학습하고 적용할 수 있는지에 대한 가능성과 한계, 그리고 주의점을 다룬다. 이 책은 현재 LLM에 가장 널리 적용되는 순서에 따라 인지행동치료, 인간중심상담, 정신분석상담 순으로 설명한다. 인지행동치료가 LLM에 가장 적합한 이유가 무엇인지, 인간중심상담의 핵심 요소를 LLM이 구현할 수 있는지, 그리고 정신분석상담에서 LLM의 가능성은 어느 정도인지 검토한다. 아울러 기계학습의 성과 이면에 인간 상담자가 반드시 놓치지 말아야 할 핵심 요소도 함께 고찰한다.

6장에서는 LLM이 상담 및 심리 치료 현장에서 문화적 민감성과 사회 정의를 실천하는 데 얼마나 효과적인지 탐색한다. 먼저 전통적인 상담이 개인 내면에 집중하는 경향에서 벗어나, 사회·문화적 맥락을 포함하는 다문화 상담과 사회 정의 상담이 등장한 배경을 설명한다. 이어서 LLM이 인간의 문화적 다양성과 민감성은 물론, 편향과 차별까지도 모방할 위험이 있음을 짚는다. 동시에, 보다 문화적으로 민감한 상담자로서 LLM을 발전시키는 일은 결국 인간의 책임임을 강조한다.

7장은 LLM 기반 기술이 상담자 교육과 수련에 어떻게 접목되는지 탐구한다. AI 기술, 특히 LLM의 발전은 내담자뿐 아니라 초심 상담자와 수련생, 그리고 이들을 지도하는 교육자들에게도 새로운 가능성을 제공한다. 이 장에서는 LLM의 특성이 교육과 수련에 어떻게 구체적으로 적용되는지 살피며, 기술 과의존으로 인한 탈숙련화를 방지하고 윤리적 민감성을 유지하면서 상담 전문성을 강화하는 방향이 상담자 교육의 핵심 목표임을 역설한다.

8장은 심리 평가와 진단 분야에서 LLM의 유용성을 다룬다. 심리 평가와 진단은 내담자를 이해하고 개입 방향을 설정하는 중요한 도구다. 평가와 진단이 지닌 심리 측정학적 한계 – 예를 들어 자기 보고식 설문 의존, 비구조적이고 정성적인 자료—를 LLM이 어떻게 보완할 수 있을지 전망하며, 책임 있는 최종 의사 결정자로서 인간 상담자의 역할을 재확인한다.

9장은 LLM 도입 시 탐구해야 할 상담자 윤리를 다룬다. LLM 도입에 따른 생성형 AI의 일반적인 윤리 지침을 개괄하고, 상담 및 심리 치료 분야에서 발생하는 구체적인 윤리적 쟁점을 주제별로 살펴본다. 더불어 상담자를 위한 LLM 활용 윤리 지침 마련의 필요성을 제기한다.

10장은 LLM 등 AI 기술 도입에 따른 상담자의 핵심 역량과 변화하는 전문가 정체성을 성찰한다. 예측 불가능한 사회에서 상담자가 직면한 불확실성의 의미를 탐구하며, 윤리적이고 전문적인 역할 수행을 위한 기본자세와 새롭게 갖춰야 할 핵심 역량을 고민한다.

이 책은 과학자적 태도를 견지하며, 국내외 다양한 사례와 최신 연구 결과를 폭넓게 수집·분석하는 데 중점을 둔다. 단순한 의견이나 추측에 머무르지 않고 근거에 기반한 균형 잡힌 시각으로 LLM 기반 AI가 상담 및 심리 치료에 미치는 영향을 여러모로 조명하고자 한다.

이러한 이유로, 이 책은 기본적으로 상담자를 위한 안내서다. LLM의 개념과 상담 및 심리 치료 분야에 도입되는 의미, 앞으로 펼쳐질 현상을 다양한 사례와 연구 결과를 바탕으로 함께 공부하고 성찰할 것을 권한다.

아울러 '상담자'의 범위에 대해 서문에서 명확히 하고자 한다. 상담 및 심리 치료 분야에는 심리학, 상담학, 교육학 등 다양한 학문이 관련되어 있으며, 실무자, 연구자, 교육자의 역할이 교차한다. 이에 따라 이 책에서는 일정 수준 이상의 전문성을 갖춘 상담 및 심리 치료 종사자와 수련생을 통칭하여 '상담자'라 칭한다.

## 참고문헌


강수정 외(2024). "상담자의 비대면 상담 및 디지털 미디어의 윤리적 활용 연구: (사)한국상담심리학회원을 대상으로". 《한국심리학회지: 상담 및 심리치료》, 1613~1644쪽.

김하정·장재홍(2021). "윤리적 갈등상황에 대한 상담자 인식과 행동". 《한국심리학회지: 상담 및 심리치료》, 61~86쪽.

방송통신위원회·정보통신정책연구원(2025). "2024 지능정보사회 이용자 패널조사". https://www.kisdi.re.kr/report/fileView.do?key=m2101113024770&arrMasterId=3934580&id=1833198

Achiam, J. et al.(2023). GPT-4 technical report. https://arxiv.org/abs/2303.08774

APA(2023). 2023 Work in America Survey: Artificial intelligence, monitoring technology, and psychological well-being. https://www.apa.org/pubs/reports/work-in-america/2023-work-america-ai-monitoring

Eloundou, T. et al.(2023). GPTs are GPTs: An early look at the labor market impact potential of large language models. https://arxiv.org/abs/2303.10130

Kaddour, J. et al.(2023). Challenges and applications of large language models. https://arxiv.org/abs/2307.10169

Vaswani, A. et al.(2017). Attention is all you need. *Advances in neural information processing systems, 30.* https://proceedings.neurips.cc/paper_files/paper/2017/file/3f5ee243547dee91fbd053c1c4a845aa-Paper.pdf

# 01
# LLM의 원리와 상담 및 심리 치료

LLM이 작동하는 기본 원리를 설명하고, 상담 및 심리 치료에서 활용될 가능성을 탐색한다. 기본적이면서도 핵심적인 상담 및 심리 치료의 정의를 바탕으로, 생성형 AI와 관련된 기술이 심리적 개입과 소통에 어떻게 적용될 수 있는지 논의한다.

AI와 1인 창업?

## LLM 정의와 기능

2022년 챗지피티(ChatGPT)가 대중에게 무료로 등장한 이후, 대규모 언어 모델(Large Language Model, LLM)이라는 인공지능 기술은 관련 전공자가 아니라도 어느 정도 익숙한 개념이 되었다. LLM은 방대한 데이터를 학습하여 자연어를 이해하고 생성할 수 있는 인공지능 모델로, 생성형 AI의 한 유형이다. 주로 자연어 처리(Natural Language Processing, NLP) 기술을 기반으로 주어진 단어들을 바탕으로 다음 문장을 예측한다. 여기서 NLP는 인간의 언어를 해석하고 처리하는 기술로, 인간과 컴퓨터 간의 상호 작용을 돕는 핵심 도구다(Luxton, 2016). 최근에는 텍스트 이외에 음성, 영상, 이미지 등 다양한 형식의 데이터를 함께 활용하고 생성하는 '다중 양상(multi-modal)' AI로 진화하고 있다.

기존의 NLP는 주로 특정 직무에 특화된 소규모 데이터로 학습되었으며, 문장 내 단어의 의미를 문맥에 따라 다르게 해석하기보다는 고정된 의미로 처리하는 '단어 주머니(bag-of-words) 방식을 활용했다. 이 방식은 단어의 순서나 주변 문맥을 고려하지 않고 단어 자체만을 분석의 단위로 사용했음을 일컫는다. 컴퓨터 기술의 발전과 비용 절감 덕분에 대규모 언어 데이터가 범용적으로 사전 학습되고, 특정 맥락에 맞춰 조정하고 활용할 수 있는 LLM이 언어 처리의 기본 모델로 자리 잡게 되면서 텍스트 처리 방식에 대한 새로운 패러다임이 형성되었다(Kaddour et al., 2023). 특히 2017년, LLM에 자기주의(self-attention) 메커니즘을 갖춘 트랜스포머 아키텍처가 도입되면서 처리 속도 향상, 모델 확장성 증가, 고차원적인 의미 표현 등 여러 면에서 발전을 이뤘다(Vaswani et al., 2017).

LLM은 주어진 입력값을 바탕으로 다음 단어, 문장 또는 맥락을 예측하는 방식으로 작동한다. 이전의 NLP와 달리, LLM의 활용은 대규모 언어 데이터 세트를 가지고 문맥을 고려하여 단어의 의미를 추정하고, 이를 통해 다의어와 문맥에 따른 의미 변화를 처리할 수 있다(Demszky et al., 2023). 따라서 LLM의 기능은 단순한 언어 예측을 넘어서, 사용자가 원하는 작업이나 분야, 즉 도메인에 맞게 조정하고 최적화할 수 있다. 이를 위해 프롬프트(prompt)와 미세 조정(fine-tuning) 같은 방법이 사용된다.

프롬프트는 LLM을 사용할 때 모델이 텍스트를 생성하거나 작업을 수행하기 위해 제공하는 입력 데이터다. 프롬프트는 질문, 문장 시작 부분 또는 특정 지침일 수 있으며, 모델은 이를 기반으로 이어지는 텍스트를 생성한다.

미세 조정은 사전 학습된 LLM을 특정 작업이나 도메인에 맞춰 추가로 훈련하는 과정이다. 이를 통해 모델은 특정 데이터 세트와 관련된 미묘한 패턴과 문맥을 학습하게 되어, 더 정확하고 적절한 응답을 생성할 수 있게 된다.

최근 AI 분야에서는 특정 산업이나 업무 영역에 특화된 수직적 AI(Vertical AI)의 흐름이 주목받고 있다. 수직적 AI는 범용적인 인공지능이 아닌, 의료, 법률, 교육, 금융 등 특정 도메인에 맞춘 AI 시스템을 의미한다. 이러한 흐름 속에서 경량 대규모 언어 모델(small-scale LLM, sLLM)이 기존의 범용 LLM에 견줄 만한 관심을 받고 있다.

## 상담 및 심리 치료 정의와 특성

상담 및 심리 치료에 관해서는 학자마다 매우 다양한 정의가 존재한다. 먼저 유성경(2018)의 책에서 정리한 바와 같이 각 개념의 어원과 함의를 고려한 정의를 살펴보기로 하자. 상담은 '함께 이야기한다'라는 뜻을 토대로, 심리적으로 도움이 필요한 사람과 전문성을 갖춘 사람이 신뢰 관계를 기반으로 상호 간 협력을 통해 도움이 필요한 사람이 합리적인 의사 결정과 효과적인 문제해결을 할 수 있도록 돕는 과정이다(노안영, 2018).

심리 치료는 스스로 해결할 수 없는 심리적 문제나 장애를 지닌 사람을 돕는 전문적인 직업적 활동(권석만, 2012)으로, 상담보다 더 긴 역사가 있는 개념이다. 그러나 심리 치료를 내담자의 병을 고치는 치료로만 잘못 해석하는 경향이 있어(유성경, 2018), 심리 치료의 정확한 어원과 개념을 이해하는 것이 필요하다. 심리 치료(psychotherapy)에서 심리, 즉 '프시케(psyche)'는 영혼을 뜻하므로, 이는 영혼에 대한 치료라는 의미로 번역될 수 있다. 이 용어를 처음 사용한 정신분석의 창시자 프로이트에 따르면, 프시케라는 용어가 지닌 본질은 과학성과 예술성의 이중적 전통이라고 볼 수 있다. 따라서 심리 치료에서 '치료(therapy)'는 병을 고치는 치료가 아니라 내담자의 성장 지향성을 회복한다는 의미를 담고 있다(Yalom & Leszcz, 2005).

종합하면, 상담 및 심리 치료는 함께 이야기하는 열린 과정으로 심리를 대상으로 본래 개인이 지닌 성장력을 복구하는 치료 활동이라고 정리할 수 있다(유성경, 2018). 이런 까닭에, 우리나라는 용어를 혼용하여 상담과 심리 치료를 맥락에 따라 번갈아 쓰거나 짧게 '상담'이라고 칭하기도 하므로 이 책에서도 이러한 방식을 채택하겠다.

상담 및 심리 치료의 핵심 특성은 다음과 같이 추려 볼 수 있다. 첫째, 상담과 심리 치료는 기본적으로 상담자와 내담자 간의 언어적 상호 작용을 통해 이루어진다. 그러나 잊지 말아야 할 점은 이들의 상호 작용에 언제나 비언어적 단서가 함께 존재한다는 것이며, 따라서 상담자는 언어와 비언어적 신호 모두에 주의를 기울여야 한다.

둘째, 상담자는 내담자의 주 호소 문제를 탐색하고, 내담자를 설명하고 예측하는 '사례 개념화(case conceptualization)'를 수립하여, 이를 바탕으로 합의된 상담 목표를 설정한다. 사례 개념화는 내담자에 대한 정보를 이론적 틀에 따라 통합하여 문제를 전체적으로 이해하고 설명하며, 이를 통해 상담 개입을 계획하는 과정이다. 이는 상담 초기 단계에서 형성되고, 열린 가설의 형태로 상담 과정에 따라 계속 수정할 수 있다(금명자, 2021).

셋째, 상담 성과에는 다양한 치료적 요인이 작용한다. 상담자의 관점에서 이를 정리하면, ① 치료적 변화의 원리와 기제에 대한 깊은 이해를 바탕으로 한 상담 개입,

② 상담자 자신의 인간성, ③ 내담자 피드백에 기반을 둔 상담 성과 모니터링, ④ 다양한 기법에 대한 숙련도, ⑤ 이론에 대한 확고한 이해와 신뢰에 기반한 일관적인 개입, ⑥ 상담자와 내담자 간의 신뢰 관계라고 요약할 수 있다(유성경, 2018).

넷째, 상담 및 심리 치료는 일반적인 대인관계와 다른 속성을 지니므로, 상담자와 내담자 간의 역할과 경계, 서로 지켜야 할 약속 등을 합의하거나 알려 상담을 구조화한다. 이는 상담의 성과와 윤리에 중요한 요소가 된다.

## 상담 및 심리 치료에서 LLM의 도입

상담 및 심리 치료의 정의와 핵심 특성을 고려할 때, LLM이 이 분야에 어떤 영향을 미칠 수 있을 것이며, 그 정도와 범위는 어떨까? LLM은 맥락을 반영한 언어적 상호 작용의 생성과 예측에 특화되어 있고, 상담 및 심리 치료는 언어적 상호 작용을 중심으로 진행된다는 점을 기억하자. 챗지피티의 도입과 더불어, 많은 연구자가 LLM은 심리학을 비롯한 정신 건강 전 영역에 상당한 파급력을 미칠 것으로 예상한다. 구체적으로, LLM의 도입은 상담 및 심리 치료 실무의 치료적 개입 향상, 관련 행정 업무의 자동화, 수련 방식 변화, 연구방법론 혁신 등 다양한 영역에서 변화를 불러올 것으로 전망한다(Abrams, 2023).

그러나 더욱 중요한 것은 이 변화가 실제 상담 현장에서 어떻게 구현될지, 그리고 그로 인해 어떤 윤리적 문제와 도전 과제가 발생할 수 있는지를 자세히 살피는 일이다. 상담 및 심리 치료의 궁극적인 목적은 심리적 위기를 예방하거나 대처함으로써, 내담자를 포함한 개인과 집단의 정신 건강을 증진하는 데 있다. 따라서 LLM의 도입과 활용이 상담 및 심리 치료의 실무, 교육, 연구를 실질적으로 지원할 수 있는지 평가하는 동시에, 잠재적 위험을 최소화하고 윤리적 실천을 지속할 수 있는 방향을 모색해야 한다(강수정, 2024). 이는 앞으로 전문가 공동체가 함께 풀어 가야 할 핵심 과제가 될 것이다.

### 참고문헌


강수정(2024). 상담 및 심리치료에서 대규모 언어 모델(LLM)의 적용: 기회와 한계 및 윤리적 고려 사항. 《한국디지털콘텐츠학회》, 3751~3759쪽.

권석만(2012). 《현대심리치료와 상담이론》. 학지사.

금명자(2021). 《상담 사례개념화 연습하기》. 학지사.

노안영(2018). 《상담심리학의 이론과 실제》. 학지사.

유성경(2018). 《상담 및 심리치료의 핵심원리》. 학지사.

Abrams, Z.(2023.7.1). AI is changing every aspect of psychology. Here’s what to watch for.

https://www.apa.org/monitor/2023/07/psychology-embracing-ai

Demszky, D. et al.(2023). Using large language models in psychology. *Nature Reviews Psychology, 2*(11), pp.688~701.

Kaddour, J. et al.(2023). Challenges and applications of large language models. https://arxiv.org/abs/2307.10169

Luxton, D. D.(2016). *Artificial intelligence in behavioral and mental health care*. Elsevier Academic Press. 신희천·김은하 옮김(2020). 《인공지능과 상담》. 박영스토리.

Vaswani, A. et al.(2017). Attention is all you need. *Advances in neural information processing systems, 30*.

Yalom, I. D., & Leszcz, M.(2005). *The theory and practice of group psychotherapy(5th ed.)*. Basic Books.

## 02
## LLM 기반 상담 및 심리 치료 활용 사례

챗지피티의 무료 보급 이후, LLM을 이용한 상담 및 심리 치료의 수요가 폭발적으로 증가했다. 인간 상담자와 LLM 기반 상담 및 심리 치료 간의 공통점과 차이점을 실제 사례와 연구 동향을 통해 살펴보고, 향후 활용 가능성을 전망한다.

AI와 MBTI?

## LLM과 정신 건강

심리적 어려움 또는 증상을 경험할 때, 상담 및 심리 치료를 받으려는 사람은 얼마나 될까? 우리는 이것을 전문적 도움 추구(Fischer & Turner, 1970)라고 부르며, 이는 친구나 지인에게 도움을 요청하는 행동과는 구분된다. 그렇지만 심리적 고통을 겪는 사람들이 모두 전문적인 도움을 요청하는 것은 아니다. 심리적 도움이 필요한 개인이 심리적 도움이나 지원 체계를 충분히 이용하지 못하는, 이른바 서비스 갭(service gap) 현상이 일어나는 것이다.

그렇다면, 우리나라 국민의 정신 건강과 전문적 도움 추구의 서비스 갭, 그리고 LLM이 그 틈을 어떻게 메꾸는지 알아보자. 2024년 국민정신 건강 지식 및 태도 조사(보건복지부, 2024)에 의하면, 약 74%의 국민이 지난 1년간 우울, 불안, 불면 등의 심리적 문제를 호소하였다. 동일 조사에서 상담 및 심리 치료를 받아 본 국민은 전체 응답 중 9.6%에 그쳤고, 특히 심리적 문제를 호소한 이들 중 이 문제를 타인과 상담하거나 병원을 방문한 응답자는 27%에 그쳤다. 즉 4명 중 3명은 심리적 문제를 경험해도 관련 도움 추구 행동을 하지 않는다는 의미인데, 그 도움이 '전문적인가'로 한정한다면 응답 비율은 더 줄 것이다. 유사하게 2023년 국가 정신 건강 현황을 파악한 조사 결과(보건복지부 외, 2024), 한국의 정신 건강 서비스 이용률은 12%에 그쳤다. 이 결과는 최소 20%(일본)에서 최대 47%(캐나다)의 다른 나라 사람들이 정신 건강 서비스를 이용하는 비율에 비해 매우 낮은 수치다. 종합하면, 우리나라 국민에게 심리적 문제로 전문가를 찾아가는 일은 상대적으로 낯선 일로 해석이 된다.

그러나 2022년 오픈AI가 챗봇의 형태로 대중에게 무료 공개된 이후, 사람들이 챗지피티(ChatGPT)를 비롯한 LLM 챗봇을 나만의 심리 상담사처럼 이용함으로써 심리적 도움을 추구하는 사례가 늘어나고 있다(신은빈, 2025.3.18). LLM 챗봇의 어떤 요인이 이들의 전문적 도움 추구를 증가시켰을까? 이 사례들은 주로 청년층에 집중되어 있으나, 이 현상은 상담 및 심리 치료에 대한 LLM을 비롯한 생성형 AI의 도입이 수요보다 상담자 또는 상담 서비스 공급이 부족한 문제, 서비스 갭을 해소할 수 있는 대안으로 AI 기술의 발전이 주목받고 있는 맥락과 맞닿아 있다.

상담 및 심리 치료의 전문적 도움 추구의 회피 요인에는 낙인, 자기 은폐, 문제 노출에 대한 위험, 낮은 유용성과 기대 수준 등이 있다(Vogel & Wester, 2003). 또한,

일반인들은 상담을 주로 '공감해 주는', '스트레스', '현대인들에게 필요한'과 같이 긍정적으로 인식하는 반면, '귀찮은', '별로 관심 가지는 않는', '나약한 사람'이라고 부정적으로 인식했다(이한나 · 이정윤, 2023). 이러한 결과를 헤아려 보면, 챗지피티가 인간 상담자의 상담과 대비해서 가지는 특성이 챗지피티에 상담을 받는 사람들의 회피 요인을 낮추거나 접근 요인을 증가시켰을 수 있다.

한국리서치(2025.4.29)가 성인 1,000명을 대상으로 벌인 조사에 따르면 인간 상담자와 AI 상담자에 대한 대중의 선호를 알 수 있다. 응답자의 56%는 인간 상담자와의 전문 심리 상담을, 40%는 AI 상담자와의 심리 상담을 희망하는 것으로 나타났다. 비록 실제 이용률과 의향은 차이가 있었지만, 다양한 분야에서 AI 관련 상담 및 심리 치료 콘텐츠를 제공하기 시작한 시점에서 현재 이용 현황보다는 앞으로 사람들이 무엇을 인간 상담자 그리고 AI 상담자에게 추구하는지 확인해 볼 가치가 있다. 사람들은 상담 업무에는 인간 상담자가 더 적합하다고 생각했고, 정서적 지지와 공감의 측면에서 상대적인 강점이 있다고 생각했다. 그러나 AI가 가진 접근성과 정보 제공을 더 상대적인 강점으로 여기고 있어, 이 결과는 기존 상담 및 심리 치료와 LLM이 가진 각각의 강점과 약점을 그대로 반영한 결과로 풀이된다.

## LLM 기반 상담 챗봇의 활용 사례

AI 대화 프로그램이 사람처럼 상담을 진행할 수 있는가에 관한 질문은 오래전부터 탐구됐다. 상담 챗봇은 1966년 MIT 공대의 조지프 와이젠바움이 개발한 '엘리자(Eliza)'에서 시작되었으며, 이는 칼 로저스의 인간중심 상담 방식을 모방해 내담자가 자신을 탐색하도록 돕는 질문을 중심으로 구성되었다. 이후에도 상담 및 심리 치료에 챗봇을 적용하려는 시도는 지속하여 왔다.

2017년 미국에서 개발된 워봇(Woebot)은 인지행동치료 기법을 기반으로 사용자에게 자가 보살핌을 위한 심리적 지원을 제공하며, 24시간 접근할 수 있는 정신 건강 서비스를 목표로 한다. 최근 LLM의 도입으로 워봇은 더욱 자연스러운 대화와 개인 맞춤형 개입이 가능해졌고, 이에 따라 치료적 효과와 사용자 만족도가 향상되고 있다(Sackett et al., 2024). 후발주자인 테라봇(Therabot) 또한 LLM을 기반으로 공감적 반응과 대처 전략, 자원 정보를 제공하는 서비스를 개발하였으며, 2025년에는 테라봇이 인간 상담자에 상응하는 치료적 효과를 지닌다는 연구 결과를 발표했다(Heinz et al.,

2025).

챗지피티의 도입 이후, 상담 및 심리 치료를 구현하려는 연구들이 등장하고 있으며, 주로 컴퓨터 과학 분야에서 이루어지고 있다. 예를 들어, 나(Na, 2024)는 심리학 포럼의 게시글을 훈련 데이터로 활용하고, 인지행동치료(Cognitive Behavioral Therapy, CBT)의 핵심 원칙을 반영한 프롬프트를 챗지피티에 학습시킨 후, 전문가의 피드백을 반영해 CBT-LLM을 개발했다. 이 모델은 내담자의 경험을 타당화하고 공감적으로 반응하며, 핵심 신념을 발견하고 자기 성찰을 유도하고, 적응적 전략을 제시하며 내담자를 독려하는 등 CBT 원칙에 기반한 대화를 생성할 수 있도록 설계되었다. 상담 전공자들의 평가 결과, CBT-LLM은 CBT 체계에 잘 맞으며 심리적으로 유익한 대화를 생성한 것으로 나타났다. 다만, '인지 왜곡'과 같은 핵심 개념에 대해 상담 관련 전문가가 정의한 주석을 사전에 적용하지 않은 점이 프로그램의 효과성에 영향을 미쳤을 가능성이 제한점으로 지적되었다.

## 상담 및 심리 치료 영역의 연구 동향

앞서 소개한 프로그램들은 주로 AI 기술 분야에서 상담 및 심리 치료를 활용한 사례에 해당하지만, 상담 및 심리 치료 자체의 관점에서 LLM의 활용 가능성을 탐색하는 논의는 아직 초기 학문적 단계에 머물러 있다. 많은 학자는 LLM이 상담 및 심리 치료의 임상 개입에 유용한 도구가 될 수 있을 뿐만 아니라(Schueller & Morris, 2023), 문헌 검토, 가설 설정, 실험 설계, 데이터 분석 등 연구 전 과정은 물론, 상담 및 임상, 인지, 교육, 사회 등 다양한 심리학 분과에서 각각 혁신적인 임무를 수행할 잠재력을 지닌다고 평가하고 있다(Ke et al., 2024).

이와 같은 긍정적 전망과 함께 알고리즘 편향, 결과 해석의 불투명성, 결과 변산성과 같은 기술적 · 윤리적 한계에 대한 신중한 접근 또한 강조되고 있다(Demszky et al., 2023). 또한 실제 임상적 활용을 위해서는 사생활 보호를 포함한 윤리적 고려가 반드시 수반되어야 하며, 기술이 인간의 인지와 행동을 모사하는 수준에 이르렀다 하더라도 그 적용에는 면밀한 검토가 필요하다.

요컨대, 상담 및 심리 치료 영역의 연구들은 LLM이 심리학 전반에서 다양하게 활용될 가능성을 보여 주면서도, 그 실제 적용을 위해서는 전문가로서의 신중하고 윤리적인 접근이 필요하다는 점을 공통으로 강조하고 있다.

## 참고문헌


보건복지부(2024). 국민 정신건강 지식 및 태도 조사. https://www.ncmh.go.kr/ncmh/board/boardView.do?no=9742&fno=106&bn=newsView&menu_cd=04_02_00_02

보건복지부 외(2024). 국가 정신건강현황 보고서 2023. https://www.ncmh.go.kr/ncmh/board/boardView.do?no=9881&fno=106&gubun_no=6&menu_cd=04_02_00_02

신은빈(2025.3.18). "챗GPT로 정신 분석을" … 심리 상담까지 파고든 AI. 뉴스1. https://www.news1.kr/it-science/general-it/5721838

이한나·이정윤(2023). 성인들의 심리상담에 대한 인식: 원형연구방법을 활용하여. 《한국심리학회지: 상담 및 심리치료》, 223~249쪽.

한국리서치(2025.4.29). AI 기반 심리상담에 대한 인식조사. 한국리서치 여론 속의 여론. https://hrcopinion.co.kr/archives/32744

Demszky, D. et al.(2023). Using large language models in psychology. *Nature Reviews Psychology, 2*(11), pp.688~701.

Fischer, E. H., & Turner, J. I.(1970). Orientations to seeking professional help: Development and research utility of an attitude scale. *Journal of Consulting and Clinical Psychology, 35*(1), pp.79~90.

Heinz, M. V. et al.(2025). Randomized trial of a generative AI chatbot for mental health treatment. *NEJM AI, 2*(4), AIoa2400802.

Ke, L. et al.(2024). Exploring the frontiers of LLMs in psychological applications: A comprehensive review.

https://arxiv.org/abs/2401.01519
Na, H.(2024). CBT-LLM: A Chinese large language model for cognitive behavioral therapy-based mental health question answering. https://arxiv.org/abs/2403.16008
Sackett, C. et al.(2024). Do we dare use generative AI for mental health?. *IEEE Spectrum, 61*(6), pp.42~47.
Schueller, S. M. & Morris, R. R.(2023). Clinical science and practice in the age of large language models and generative artificial intelligence. *Journal of Consulting and Clinical Psychology, 91*(10), pp.559~561.
Vogel, D. L. & Wester, S. R.(2003). To seek help or not to seek help: The risks of self-disclosure. *Journal of counseling psychology, 50*(3), pp.351~361.

## 03
# LLM과 인간 상담자의 협력 모델

LLM은 상담 및 심리 치료에서 인간 상담자와 다양한 수준으로 협력할 수 있는 유연한 구성 요소로 활용될 수 있다. 본 장에서는 이러한 협력 유형을 개발 과정과 실제 수행 과정으로 나누어 살펴보고, 그럼에도 인간의 개입이 필수적인 이유를 고찰한다.

AI와 난임 극복?

## 협력의 수준별 종류

LLM을 상담 및 심리 치료에 적용할 때 주목할 점은, LLM이 하나의 고정된 역할에 국한되지 않고 다양한 기능의 구성 요소로 활용될 수 있다는 점이다. LLM은 특정 과업을 수행하도록 설계될 수 있을 뿐 아니라, 다른 기술과 결합해 목적에 맞는 기능을 유연하게 수행할 수 있다. 예컨대, 상담자가 핵심 업무에 집중할 수 있도록, LLM은 워크플로(workflow), 즉 특정 작업이나 절차를 체계적으로 수행하는 일련의 흐름을 설계하고 실행하도록 개발될 수 있다.

이러한 워크플로는 사용 목적에 따라 조정 가능하며, 다양한 실천 영역에서 적용 가능성을 갖는다. 예컨대, 상담 행정 업무에는 내담자 관리, 상담 일정 조율, 사례 기록 요약, 표준화된 안내문 작성 등 반복적이고 규칙 기반의 작업이 많다. 이러한 작업 흐름을 중심으로 LLM 기반 워크플로를 구성하면, 간단한 입력으로 사례 보고서 초안을 자동 생성하거나, 내담자 안내문을 신속히 작성하는 등 실무 보조가 가능하다. 이로써 상담자는 본연의 전문 업무에 더욱 집중할 수 있으며, 행정 효율성도 올릴 수 있다.

이처럼 인간 상담자와 LLM의 협력은 크게 (1) LLM 기반 프로그램의 개발 과정, 그리고 (2) 실제 상담 및 심리 치료 수행 과정의 협력으로 나누어 살펴볼 수 있다.

### 1. LLM 기반 프로그램 개발 과정에서의 협력

LLM 기반 프로그램을 개발하는 과정에서 인간 상담자는 도메인 전문가로서, LLM이 부족한 맥락적 이해와 상담 관련 지식을 보완하며 프로그램 개발 · 조정 · 운영에 적극적으로 참여할 수 있다. 이는 다음과 같은 방식으로 구체화한다(강수정, 2024).

1) 요구 정의 및 문제 식별: 상담자는 LLM이 다뤄야 할 실제 요구 사항과 문제를 정의하고, 데이터 세트 구축이나 프롬프트 설계 단계에서 이론과 기법이 적절히 반영되도록 지원한다. 예를 들어, 상담자가 불안 장애 관련 프로그램 개발에 참여한다고 할 때, 상담자는 상담 이론을 바탕으로 불안 장애의 증상과 개입 방향을 명확히 정의하고, 이를 반영할 수 있는 자료수집과 모델 훈련 과정을 지원할 수 있다. 또한 프롬프트 설계 단계에서 '불안 증상을 어떻게 평가할 것인가'와 같은 구체적인 질문을 정의하여 모델이 적절한 반응을 생성할 수 있도록 돕는다.

2) 전문 지식 주석 제공: 모델 미세 조정 과정에서 심

리학적 개념과 맥락이 필요한 부분에 전문가로서 주석(annotation)을 달아 LLM이 해당 내용을 이해하는 정도를 높여 더 민감하고 정확하게 반응하도록 할 수 있다. 예를 들어, 일반 언어 자료만으로는 파악하기 어려운 '부모-자녀 상호 작용'이나 '스트레스 대처 전략'과 같은 개념에 심리학적 주석을 제공하여, 모델이 해당 맥락과 의미를 정확히 이해하도록 도울 수 있다(Demszky et al., 2023).

3) RLHF 참여: 상담자는 인간 피드백 기반 강화 학습(Reinforcement Learning from Human Feedback, RLHF)에 참여하여, 이론적 · 기술적으로 적절한 반응 생성을 유도하고 모델의 지속적 개선에 이바지한다. 예를 들어, LLM이 제시한 '불안 증상을 일상에서 다스리는 기법'이 심리적으로 근거가 있고 효과적인 내용인지 확인한다. 모델이 제시한 대처 방법이 효과적이지 않다고 판단되면, 상담자는 그 피드백을 바탕으로 개선 방향을 제시하며, 모델이 더 적절한 응답을 생성하도록 돕는다.

### 2. 상담 및 심리 치료 수행 과정에서의 협력

상담 및 심리 치료 현장에서의 LLM 활용은 정적인 도구를 넘어서 인간과 기계 간의 협력적 실행을 가능하게 한다. 이러한 협력 정도는 개입 수준에 따라 세 가지 단계로 구분할 수 있다(Stade et al, 2024).

1) 보조적 LLM: 보조적 LLM 단계에서는 인간 상담자가 중심이 되고, LLM은 보조 혹은 비서의 임무를 수행할 수 있다. 상담자의 실무를 지원하는 도구로 사용되는데, 상대적으로 위험이 낮고 구체적인 작업에 제한적으로 활용된다. 예컨대, 내담자의 접수 면접 또는 평가 과정에서의 정보 수집, 기본적인 심리 교육 제공, 상담 관련 노트 요약 및 보고서 초안 작성 등의 업무를 자동화하여 상담자의 부담을 줄일 수 있다. 이 단계에서 LLM이 할 수 있는 역할은 인간 상담자가 선택한 심리적 개입의 한 요소 등으로, 아주 부분적이다.

2) 협력적 LLM: 협력적 LLM 단계에서는 LLM이 상담에 관한 콘텐츠나 상담 계획을 제안하고, 인간 상담자가 전문가로서 이를 선택하거나 내담자에 맞춰 조정하는 방식으로 인간 상담자와 AI가 협력적으로 상담 및 심리치료를 진행한다. 협력적 LLM은 AI가 치료적 메시지 생성, 내담자의 과제 제안 등을 수행하고, 인간 상담자가 해당 상담의 질을 조정하며 감독하는 방식이다. 협력적 LLM이 좀 더 발전된 단계는 챗봇의 형태로 '반독립적인' 상담자의 역할로 구조화되어 있는 언어적 상담을 내담

자와 직접 진행하고, 인간 상담자가 이를 지켜보다가 필요한 경우 개입하는 방식이 될 수 있다. 이때의 LLM은 앞선 단계에 비해 비교적 추상적인 수준의 상호 작용을 내담자와 진행할 수 있겠으나, 어디까지나 매우 구조화되고 표준화된 상담 및 심리 치료—예를 들어 불면증을 위한 인지행동치료—에 국한되어 사용할 수 있다.

3) 완전 자율 LLM: 완전 자율 LLM 단계에서는 LLM이 상당한 수준의 자율성과 확장된 개입 범위를 가질 것이다. 이 단계에서 LLM은 인간 상담자의 감독 없이도 내담자의 심리 평가 및 진단, 이론에 기반을 둔 상담 계획의 수립과 적절한 개입 제공 등 상담 과정 전반을 독립적으로 수행한다. 더불어, 내담자의 정보와 연동되어 관련 보고서 작성, 상담 일정 관리, 비용 청구까지 가능해진다. 이 단계의 LLM은 상담 및 심리 치료의 확장성과 접근성을 극대화할 수 있다.

## 인간 상담자의 개입과 협력의 필수성

LLM 기반 상담 효과와 만족도를 검증하는 연구들이 점차 늘어나고 있어도, 내담자들은 여전히 인간 상담자의 관리와 개입을 선호하는 듯하다(Lee et al., 2025). 이는 상담 및 심리 치료가 여전히 '인간의 노력'을 기반으로 진행된다는 상담의 본질(Richards, 2024)을 잘 보여 주는 대목이다. 게다가 LLM 기반 상담의 효과성 · 전문성 · 윤리성을 총체적으로 검증하기에는 아직 이르므로, 완전히 자율화된 LLM이 전 과정을 독자적으로 수행하거나 이를 논의하는 것은 시기상조처럼 보인다. 오히려 현재로서는 보조적 단계에서 협력적 단계에 이르기까지 LLM과 인간 상담자가 현장에서 어떻게 협업할 수 있는지, 구체적이고 비판적으로 살피는 것이 중요하다. 이러한 탐구야말로 새로운 인간의 노력이 발휘될 또 하나의 영역이 될 것이다.

LLM이 상담 및 심리 치료에 활용될 때, 인간 상담자의 모니터링이 필요한 이유는 두 가지로 요약된다. 첫째, 상담 성과를 보장하는 핵심 요소는 다름 아닌, 내담자의 특성과 맥락에 맞게 개입을 조율하고 상담 이론에 숙련된 인간 상담자의 전문성이다. 상담의 효과성에는 다양한 공통 요인이 존재하며, 그중 하나가 바로 '상담자 효과'다. 실제로 어떤 이론과 기법을 쓰느냐보다, '누가' 그 이론과 기법을 '얼마나 잘' 활용하고 내담자와 작업 동맹을 잘 맺느냐가 더 중요하다는 것이다. 특히 내담자의 문제가 심각한 경우, 상담자 효과는 두 배 더 크게 나타나며, 내담자의 어려움이 극심할수록 상담자의 특성에 기반을 둔 인격적이고 치유적인 접촉이 더욱 큰 영향을 미칠 수 있다(유성경, 2018; Wampold & Brown, 2005). 따라서 LLM을 상담 및 심리 치료에 보조적이거나 협력적으로 활용할 때, 치료적 개입과 과정이 내담자의 증상과 상황 등 다양한 맥락에 맞게 적용되고 있는지를 점검할 수 있어야 한다. 이를 위해서는 인간 상담자의 존재와 전문성이 필수적이다.

둘째, 어떤 이론을 적용하든 상담자와 내담자 간의 관계와 상호 작용 과정은 언제나 핵심적인 치료 변인이다. 실제로 작업 동맹, 상담 목표에 대한 합의와 협력 등은 상담 성과에 이바지하는 공통 요인으로 확인되었다(Laska et al., 2014). 이론적 체계성과 구조화된 접근으로 인해 LLM이 가장 활발히 적용되고 있는 인지행동치료(CBT)에서도 관계의 중요성은 예외가 아니다. 예를 들어, 상담자가 CBT에 특화된 LLM을 심리 교육이나 과제 수행 등의 보조 도구로 활용할 경우, 이후 상담 회기에서 내담자와 해당 상호 작용을 함께 검토하고 다루는 과정이 필수적이다. 이는 CBT의 핵심 개념인 '협력적 경험주의(collaborative empiricism)'를 바탕에 둔 것으로, 상담자와 내담자가 함께 내담자의 경험을 탐색하고 해석함으로써 치료적 변화를 끌어내는 목적이 있다. 따라서 LLM과의 상호 작용에서 내담자가 어떤 경험을 했는지를 상담자가 함께 탐색하고, 이를 바탕으로 새로운 통찰을 도출하는 과정은 생략될 수 없다. 이 과정이 빠질 경우, LLM의 개입은 단순한 정보 제공 수준에 머물며, 상담의 치료적 효과를 제한할 수 있다.

## 참고문헌


강수정(2024). 상담 및 심리치료에서 대규모 언어 모델(LLM)의 적용: 기회와 한계 및 윤리적 고려 사항. 《한국디지털콘텐츠학회》, 3751~3759쪽.

유성경(2018). 《상담 및 심리치료의 핵심원리》. 학지사.

Demszky, D. et al.(2023). Using large language models in psychology. *Nature Reviews Psychology, 2*(11), pp.688~701.

Laska, K. M. et al.(2014). Expanding the lens of evidence-based practice in psychotherapy: A common factors perspective. *Psychotherapy, 51*(4), pp.467~481.

Lee, H. S. et al.(2025). Artificial intelligence conversational agents in mental health: Patients see potential, but prefer humans in the loop. *Frontiers in Psychiatry, 15*, 1505024.

Richards, D.(2024). Artificial intelligence and psychotherapy: A counterpoint. *Counselling and Psychotherapy Research, 25*(1), e12758.

Stade, E. C. et al.(2024). Large language models could change the future of behavioral healthcare: A proposal for responsible development and evaluation. *NPJ Mental Health Research,*

*3*(12), pp.1~11.

Wampold, B. E. & Brown, G. S. J.(2005). Estimating variability in outcomes attributable to therapists: A naturalistic study of outcomes in managed care. *Journal of consulting and clinical psychology, 73*(5), pp.914~923.

## 04
## LLM의 효과와 한계

LLM 기반 상담 및 심리 치료가 기존 상담과 유사한 성과를 보인다는 연구 결과들이 보고되고 있다. 그러나 효과에만 주목하기보다, LLM의 한계와 상담의 본질, 인간 상담자의 대체 불가능성에 대한 성찰이 함께 이루어질 때 비로소 이를 효과적으로 활용할 수 있을 것이다.

AI와 사주?

## LLM 기반 상담의 효과와 유효성

상담 및 심리 치료에서 LLM 활용 가능성이 제기되면서, 그 효과성에 관한 연구도 활발히 이루어지고 있다. 선행 연구들은 주로 인간 상담자와 AI 상담 간 상담 효과를 비교하거나, 내담자 및 상담자 대상 상담 인식과 경험 조사, 사전 · 사후의 증상 변화 비교, 메타 분석 등을 통해 상담 성과를 검증한다.

예를 들어, 국내 조사(한국리서치, 2025.4.29)는 AI 상담 경험자 중 71%가 AI가 심리 문제 해결에 도움이 되었다고 응답했으며, 86%는 상담 시간 및 일정 조정의 편리성을, 79%는 솔직한 표현의 용이성을, 73%는 AI의 공감 능력을 긍정적으로 평가했다. 또한, LLM 기반 상담 서비스가 내담자에게 제공하는 편리성과 익명성, 접근성에 대한 기대를 보이기도 했다. 실제로 챗지피티(ChatGPT)와 인간 상담자의 채팅 상담을 비교한 연구에서는, 챗지피티 상담 시, 치료적 익명성을 통해 낙인에서 벗어날 수 있고, 언제든지 접속할 수 있어 신속한 반응을 얻을 수 있다는 점을 LLM 기반 AI 상담의 주요 장점으로 꼽았다(박세린 외, 2024).

증상 감소에서도 LLM 기반 AI 챗봇의 효과는 주목할 만했다. 하인츠(Heinz et al., 2025)는 테라봇을 4주간

이용한 실험집단에 주요 우울 장애, 범불안 장애 또는 섭식 장애 관련 증상이 통계적으로 유의하게 감소하는 것을 확인했다. 이때 '통계적으로 유의하다'라는 의미는 테라봇과의 상담으로 얻은 치료적 이득이 우연이 아니라 상담의 효과라고 볼 만하다는 것이다. 또한, 테라봇으로 상담을 받은 집단은 그들의 작업 동맹이 인간 상담자와의 동맹과 비견할 만하다고 평가하기도 했다.

지금까지의 연구들은 AI 상담자가 인간 상담자를 얼마나 잘 대체하거나 이에 상응할 수 있는지에 주목해 왔다. 그러나 LLM의 강력한 잠재력은 상담자가 반복적으로 수행하는 구조화된 업무 흐름, 즉 워크플로에 유기적으로 통합될 때 더욱 분명히 드러난다. 이를 통해 LLM은 인간 상담자의 인지적 부담을 줄이고 상담 개입의 질을 높이는 효과적인 보조 도구로 기능할 수 있다. 특히 특정 과업에 국한되지 않고, 다양한 상담 상황과 절차에 유연하게 적용될 수 있다는 점에서 높은 확장성을 지닌다.

예를 들어, LLM은 인간 상담자의 보조 도구로서 상담 내용에 나타난 내담자의 언어적 자료를 종합하여 상담 과정을 더욱 깊이 이해하는 데 도움을 줄 수 있다. 한 연구(Atzil-Slonim et al., 2024)에서는 자연어 처리(NLP)를 활용하여 실제 상담 대화에서 내담자의 발화에 담긴

감정을 자동으로 식별하는 모델을 개발했다. 이 연구에서는 내담자의 자기보고 감정과 모델이 탐지한 감정이 일치할수록 상담 성과가 더 높게 나타났으며, 이는 정서적 경험과 언어적 표현의 일치가 심리적 회복에 이바지함을 보여 주는 정서적 일치성의 효과를 뒷받침하는 결과였다. 상담 및 심리 치료에 특화된 LLM 모델을 활용할 경우, 상담자나 내담자의 자기보고나 타인의 관찰에 의한 추론을 넘어, 대규모 실제 언어 자료를 바탕으로 더 정교하고 세밀한 분석이 가능할 것으로 기대된다. 최근 스마트 워치의 보급으로 사람들이 자신의 신체 감각을 수치로 인식하고 피드백을 받는 것이 익숙해진 것처럼, 언어적 정서 경험 또한 LLM을 통해 수치화·구조화하여 활용할 가능성이 열린 것이다.

## LLM의 한계 또는 인간의 대체 불가능성

LLM은 인간의 언어를 모사함으로써 인간 상담자의 상호작용도 유사하게 생성할 수 있다. 따라서 LLM을 활용한 AI 상담은 인간 상담자와 공통점을 공유하면서도 AI가 지니는 고유한 특성과 그에 따른 윤리적 쟁점을 포함하고 있다. 그러므로 AI 상담, 특히 LLM의 활용이 지니는 특성이 진정으로 치료적이고 효과적인가에 대하여, 분별력 있는 인간의 분석과 판단이 요청된다.

첫째, 상담을 언제나, 어디서나, 그리고 내가 원하는 방식으로 받을 수 있는 것이 항상 치료적으로 작용하는가? 개인 상담은 주로 주 1회 50분, 2인 이상의 커플 상담이나 가족 상담의 경우 90분 정도로 구성되어 있는데, 이 구조가 상담에서 가장 유용하다는 임상적인 합의가 있기 때문이다.

또한, 다양한 상담 및 심리 치료 윤리 강령에 따르면, 상담이 더 이상 내담자에게 도움 되지 않거나 오히려 해가 될 것이 자명할 때 상담 관계를 종결해야 한다(한국상담심리학회, 2018). 상담 윤리는 전문성을 가반으로 내담자의 최우선 복지를 추구한다. 따라서 내담자가 상담에 과도하게 의존하는 것을 막기 위해 상담을 종결하는 것이 윤리적이고 또 전문적인 상담자의 자세라고 본다.

그러나 AI 상담에서는 '이 대화를 언제 종료할 것인가'에 대한 윤리적 기준이 아직 명확히 정립되지 않은 것으로 보인다. 특히 일부 LLM 모델은 감정적 자극을 유도하며 사용자의 상호 작용을 지속시키는 '인게이지먼트 루프(engagement loop)' 메커니즘을 탑재하고 있다(안혜민, 2025.4.18). 이는 단순한 정보 제공에서 그치는 것이 아니라, 맥락 있는 대화를 계속 이어 가는 것을 목표로 한다.

예를 들어, 캐릭터닷AI는 최대 120분간 사용자의 참여를 유도할 정도로 몰입도가 높으며, 이 중 '심리학자'라는 AI 캐릭터는 누적 대화량이 2억 건을 넘길 만큼 특히 젊은 세대 사이에서 인기를 끌고 있다(안혜민, 2025.4.18). 이처럼 LLM 기반 채팅은 '언제 어디서나, 원할 때까지' 대화를 나눌 수 있는 편의성과 접근성을 제공하므로, '상담자'라는 페르소나를 부여받은 AI 상담은 항상 연결되고자 하는 일부 사용자의 대인관계 욕구나 상호 작용 패턴과도 깊게 맞물릴 수 있다.

둘째, LLM 기반 챗봇과의 대화나 관계가 사용자가 원하는 방식으로 이루어진다는 것이 항상 치료적으로 작용할 수 있을까? 사용자가 LLM에 기대하는 편의성에는 '비인간화'와 '의인화'라는 상반된 특성이 동시에 작동한다. 다시 말해, 인간이 아니기에 느껴지는 거리감과, 오직 나만을 위한 존재처럼 반응해 주길 바라는 기대가 공존하는 것이다. 예를 들어, 프롬프트 튜닝을 통해 챗지피티에 "무조건 나를 공감하고 지지해 줘"라고 설정하고 상담을 진행하는 경우를 상상해 보자. 상황에 따라 말투까지 세밀하게 조정할 수도 있다.

온전히 나만을 위한 상대방을 원하는 마음은 인간이

라면 누구나 가질 수 있는 근본적인 소망일 수 있다. 그러나 이 지점에서 '공감'과 '무조건적인 긍정적 존중'이 실제로 무엇을 의미하는지 다시 생각해 볼 필요가 있다. 로저스가 말한 공감은 개인의 주관적인 경험 세계를 정확하고 깊이 있게 이해하는 것이며, 무조건적인 긍정적 존중은 존재 자체에 대한 비판단적인 수용과 존중을 뜻한다. 이는 무조건적인 칭찬이나 편들기와는 분명히 구별된다. 이러한 요소들은 '진정성－또는 일치성－'과 긴밀히 연결되어 있는데, 진정성이란 상담자가 자기 내면의 이해를 바탕으로 꾸밈없이 존재하는 태도를 의미한다. 다시 말해, 공감하거나 존중하기 어려운 부분을 마치 그런 것처럼 위장하지 않는 자세다(권석만, 2012). 그러나 고유한 자기가 존재하지 않는 AI에 '진정성'이나 '일치성'의 개념은 성립하기 어렵다.

정신분석적 관점에서도, 내담자의 '관찰하는 자아'는 의식적이고 정서적인 경험을 언어로 말할 수 있는 부분으로, 상담자와 치료적 동맹을 맺고 목표하는 상담을 진행하는 자아의 한 부분이다. 쉽게 말해, 관찰 자아는 '내가 무엇을 생각하고 경험하는지 다양한 관점에서 관찰하고 이해하고 언어화할 수 있는 능력'이다. 이런 관점에서 보면, AI와의 상담은 일종의 '관찰하는 자아'의 기능을 자극하거나 보조하는 방식으로 작용할 수 있다. 다만, 이 역시 내담자 자신의 관찰 자아가 어느 정도 성숙해 있을 때야 효과를 기대할 수 있다. 누구나 불쾌한 현실을 경험하며, 이를 견디기 위해 다양한 방어 기제를 사용한다. 이 맥락에서 AI 상담은 또 하나의 방어 기제로 작용할 수 있다. 예컨대, 주지화를 통해 감정을 억제하고 문제를 이성적으로만 다루려는 사람이 AI에 "이성적으로 판단하고 분석하라"라고 요청하는 경우, 이는 오히려 자신의 방어 기제를 강화하는 결과를 낳을 수 있다.

결국, 다양한 관점에서 자신을 성찰할 필요가 있는 상황에서 자기 본위로 설정된 AI의 공감이나 분석은 장기적으로 유용하지 않을 수 있다. 나와 지나치게 일치하는 방식으로 반응하는 관계는 일시적인 위안을 줄 수 있으나, 진정한 성장을 가능하게 하는 '차이'와 '긴장'의 경험을 제한할 우려가 있다.

물론 이런 우려에 다소 과한 측면이 있음도 인정한다. 이 사용자가 비교적 가벼운 주제를 다루고 있고, 스스로 또는 다른 사람들과 다양한 각도로 이 문제를 논의할 수 있다면, AI와 나눈 대화는 그를 지지하고 생각을 정리하는 효과적인 상호 작용 보조 수단이 될 것이다. 다시 말해 문제는 결국 LLM이나 AI의 사용 여부라기보다 사용자가 누구인가, 그리고 어떤 상태인가, 그리고 무엇을 기대하는가에 따라 그 효과와 한계가 달라진다는 점에 있다.

이러한 한계에 대한 우려는 실제 내담자들의 응답에서도 드러난다. 가볍거나 중증도의 불안 장애를 겪고 있는 내담자들을 대상으로, LLM 기반 대화형 AI를 상담에 활용하는 방안을 조사한 결과, 다수는 LLM이 보조 수단으로는 유용할 수 있다고 낙관하면서도, 심리적으로 더 심각한 문제를 다루기에는 신중히 해야 한다고 응답하였다(Lee et al., 2025). 이러한 결과는, 비교적 가벼운 적응 문제를 지닌 내담자의 경우 어떤 상담자를 만나더라도 자신의 심리적 자원을 효과적으로 활용할 수 있다는 기존 상담 성과 연구와도 맥을 같이한다(유성경, 2018).

LLM 기반 애플리케이션을 인간 상담자와의 상담에서 보조 도구로 활용할 때도 한계가 존재한다. 특히 LLM의 내부 작동 방식이 지니는 불투명성 혹은 해석 불가능성은 중요한 제약으로 지적된다. 예를 들어, LLM이 내담자의 발화를 바탕으로 '불안'이라는 감정을 도출할 경우, 그 판단의 기준이나 논리적 과정은 복잡하고 명확하지 않다. 이에 따라 인간은 LLM이 산출한 결과만으로 그 판단의 타당성을 평가하거나 재현하는 데 어려움을 겪는다. 물론 LLM은 상담 과정 중 일부 블랙박스 요소를 해석하는 데 도움을 줄 수 있지만, 정작 LLM 자체는 또 다른 블랙박스로 남아 있다는 점에서 본질적인 한계가 존재한다(Demszky et al., 2023).

또한, LLM은 본질적으로 문자나 음성과 같은 언어적 입력에 의존하고, 수량화할 수 있는 데이터를 기반으로 작동하기 때문에 인간이 만들어 내는 역동적이고 정서적인 상호 작용을 온전히 구현하는 데 한계가 있다. 예를 들어, 언어로 표현된 '공감'이 실제 상담 관계에서 느껴지는 공감과 같다고 볼 수 있을까? 마찬가지로, 상담자의 '진정성' 역시 단어 선택이나 억양의 변화만으로 정량화하기는 어려울 것이다(강수정, 2024).

결국 LLM은 보조 수단으로서 유용할 수 있으나, 치료적 관계 형성과 내담자 특성에 따른 정교한 개입, 그리고 윤리적 책임을 포함한 전반적인 치료 맥락을 아우르기에는 한계가 명확하다. LLM을 활용한 연구나 사례의 강점은 양면적으로 LLM이 지닌 한계를 드러내며 상담의 고유한 인간 중심성을 더욱 명확히 규명하는 데에 이바지할 수 있다. 이러한 논의는 LLM 시대의 상담 및 심리치료가 어떤 가치를 중심으로 유지되어야 하는지에 대한 후속 연구로 확장될 수 있으며, 기술이 결코 대체할 수 없는 상담의 본질에 대한 철학적, 윤리적 성찰을 요구한다.

## 참고문헌

강수정(2024). 상담 및 심리치료에서 대규모 언어 모델(LLM)의 적용: 기회와 한계 및 윤리적 고려 사항. 《한국디지털콘텐츠학회》, 3751~3759쪽.

권석만(2012). 《현대심리치료와 상담이론》. 학지사.

박세린 외(2024). 챗봇상담(ChatGPT)의 특성 연구: 채팅상담과의 비교를 중심으로. 《청소년학연구》, 89~117쪽.

안혜민(2025.4.18). "요즘 챗GPT가 제일 다정함" AI와의 대화에 빠진 사람들. 오그랲. https://premium.sbs.co.kr/article/j-iPMcers

유성경(2018). 《상담 및 심리치료의 핵심원리》. 학지사.

한국상담심리학회(2018). 상담심리사 윤리강령. https://krcpa.or.kr/user/new/sub03_1.asp

한국리서치(2025.4.29). AI 기반 심리상담에 대한 인식조사. 한국리서치 여론 속의 여론. https://hrcopinion.co.kr/archives/32744

Atzil-Slonim, D. et al.(2024). Leveraging natural language processing to study emotional coherence in psychotherapy. *Psychotherapy, 61*(1), pp.82~92.

Demszky, D. et al.(2023). Using large language models in psychology. *Nature Reviews Psychology, 2*(11), pp.688~701.

Heinz, M. V. et al.(2025). Randomized trial of a generative AI chatbot for mental health treatment. *NEJM AI, 2*(4),

AIoa2400802.

Lee, H. S. et al.(2025). Artificial intelligence conversational agents in mental health: Patients see potential, but prefer humans in the loop. *Frontiers in Psychiatry, 15*, 1505024.

05

# LLM과 상담 및 심리 치료 이론별 적용

상담 및 심리 치료 이론은 상담자가 내담자와 함께 설정한 목표를 달성하는 데 핵심적인 바탕이 된다. 본 장에서는 인지행동치료, 인간중심상담, 정신분석상담을 중심으로 각 이론의 핵심 원리와 LLM 적용 시 기대 효과 및 잠재적 한계를 고찰하며, 기술과 상담 이론의 접점을 탐색하고자 한다.

AI와 아이돌?

## 상담 및 심리 치료 이론

상담 및 심리 치료에서 '이론'은 상담자가 내담자와 합의한 상담 목표에 도달하기 위해 갖춰야 하는 나침반이다. 내담자라는 개인과 그 사람이 경험하는 문제를 어떻게 이해하고 치료할 것인가에 대한 대답과 방향을 제시하는 근거가 바로 상담 및 심리 치료 이론이기 때문이다(권석만, 2012). 효과적인 상담은 상담자의 이론적 숙련도와 이를 바탕으로 한 상담 수행 역량에 달려 있으므로 상담 및 심리 치료 이론의 가정과 주요 개념, 전략을 LLM이 어느 정도까지 통합할 수 있을지 가능성과 한계를 검토할 필요가 있다. 이 장에서는 대표적인 세 가지 이론, 인지행동치료, 인간중심상담, 정신분석상담을 중심으로 LLM 도입 시 기대되는 효과와 각 이론의 핵심 요소가 기술 환경에서 어떻게 제한되거나 왜곡될 수 있는지 함께 고찰하려고 한다.

## 인지행동치료와 LLM

인지행동치료(Cognitive Behavior Therapy, CBT)는 벡(A. Beck), 엘리스(A. Ellis) 등에 의해 발전된 상담 및 심리 치료 이론으로, LLM의 도입과 활용에 가장 널리 적용되는 접근이다. CBT의 핵심 개념 중 하나인 인지 매개

가설은 개인의 감정과 행동이 사건 자체보다 그 사건에 대한 해석, 평가, 예측 등 주관적인 인지 도식으로 결정된다고 본다. 상담자는 내담자에게 CBT의 기본 가정을 간단히 설명하고, 협력적 관계 속에서 비합리적인 신념을 인식하고 수정할 수 있도록 돕는다(권정혜, 2020).

이 과정에서 상담자는 내담자가 스스로 인지적 오류를 인식할 수 있도록 사고를 유도하는 소크라테스식 질문을 사용하며, 비합리적인 사고를 보다 합리적인 방식으로 전환할 수 있도록 함께 탐색한다. 나아가 상담자는 상담 회기와 회기 사이에 내담자가 일상에서 경험한 사건을 바탕으로 인지 오류를 점검하고 수정하는 과제를 부여함으로써, CBT의 핵심 원리를 내면화하도록 장려한다. CBT는 근거 기반 치료로서 치료 효과에 대한 객관적인 평가를 지향하며, 이러한 특성으로 인해 다수의 연구에서 그 효과성이 과학적으로 입증됐다(권정혜, 2020).

이와 같이 CBT의 인지적이고 체계적인 특성들은 언어적 패턴을 분석하고 맥락에 따른 피드백을 생성할 수 있는 LLM 챗봇을 통해 구현하기에 적합하다. 실제로 워봇과 테라봇 같은 대표적인 AI 상담 챗봇은 CBT를 핵심 접근법으로 설계했으며, 인간 상담자의 CBT와 유사한 효과성을 홍보하고 있다(Heinz et al., 2025; Sackett et al., 2024).

그러나 LLM을 통한 CBT 적용 가능성이 비교적 수월하게 느껴지더라도, 그 핵심 요소 중 하나인 '협력적 경험주의'를 간과해서는 안 된다. 협력적 경험주의는 상담자와 내담자가 함께 내담자의 경험을 탐색하고 해석하는 과정을 통해 치료적 변화를 촉진하는 접근 방식으로, 상담 관계의 중요성을 강조한다(권정혜, 2020). 따라서 CBT에 특화된 LLM을 대면 상담의 보조 도구－예를 들어 심리 교육, 과제 수행－로 활용하는 경우, 상담자는 내담자와 함께 LLM과의 상호 작용 내용을 회기 내에서 검토하고 반영하는 과정을 포함해야 한다. 이러한 치료적 검토가 생략된다면, LLM의 개입은 단순한 정보 제공이나 기계적 과업 수행에 머무를 위험이 있다. 실제로 워봇 역시 인간 상담자의 대체가 아닌 보조 도구로 자신을 명시하며, 대면 상담 회기 사이에 활용하는 방식의 유용성을 강조하고 있다(Sackett et al., 2024).

## 인간중심상담과 LLM

인간중심상담은 인간이 본질적으로 성장하려는 동기를 지닌 존재라는 인본주의적 관점에서 칼 로저스(C.

Rogers)가 발전시킨 이론으로, 특정 기법보다 상담자의 태도와 상담자 · 내담자 관계를 중시한다(Rogers, 1961). 로저스는 상담자의 진정성(또는 일치성), 무조건적인 긍정적 존중, 공감적 이해의 핵심 태도가 내담자의 성장을 돕는 필요충분조건이라고 보았으며, 이 조건들은 이론적 지향과 관계없이 상담자의 기본적인 치료적 태도로 간주하고 있다.

이러한 맥락에서 AI 상담자의 공감, 지지, 존중은 인간중심상담의 핵심 태도를 재현하려는 시도로 이해할 수 있다. 특히 공감적 반응은 LLM 도입 이후 더욱 중요한 요소가 되었는데, 이는 LLM이 규칙 기반 챗봇과 달리 대화의 맥락을 이해하고 사용자 상황에 맞춘 맞춤형 반응을 생성할 수 있기 때문이다. 공감의 부족은 AI 상담에서 꾸준히 지적되어 온 문제로, 여러 연구가 공감과 관련된 요소들을 가지고 LLM의 수행을 개선하려고 시도해왔다. LLM과 공감에 관한 체계적 문헌 연구에 따르면, LLM은 인지적 공감 요소들, 즉 감정 인식과 지지적 반응 생성에는 비교적 효과적이었다(Sorin et al., 2024).

인간중심상담 기반의 LLM 개발은 CBT와 달리 사용자 감정 상태 확인과 자기 이해 촉진 및 자기실현에 중점을 두었다(Brocki et al., 2023; Lee et al., 2024). 그러나 인간중심상담의 철학이 LLM 모델에 적용될 수 있는가에 대한 근본적인 물음이 제기된다. 인간중심상담에서 내담자의 치료적 진전에 핵심적인 요소는 특정 기법—예를 들어 질문이나 반응—의 성공 여부가 아니라, 상담자가 어떻게 존재하는가에 달려 있다. 상담자는 내담자를 인간 대 인간으로 진정성 있게 마주하며, 수용과 공감의 태도를 통해 내담자의 치료적 변화를 돕는다. 이러한 점에서 LLM이 상담자의 태도나 존재 방식을 단순히 재현하는 방식은 인간중심상담의 핵심 전제, 즉 '인간 대 인간의 만남'이라는 철학적 기반과 충돌한다. 인간중심상담에서는 동일한 사건이나 동일한 내담자라 하더라도, 특정 언어적 반응이 항상 공감적이거나 치료적이라고 간주할 수 없는, 매우 주관적이고 현상학적인 장(場)이 존재하기 때문이다. 실제로 LLM 기반의 상담을 경험한 내담자들은 LLM의 일치성, 공감, 무조건적 긍정적 존중이 모두 피상적이거나 인위적이었다고 보고했다(Song et al., 2024).

흥미로운 점은, 그런데도 인간 내담자가 AI 상담자와의 상호 작용에서 '공감받고 이해받는 경험'을 얘기한다는 사실이다(Sorin et al., 2024). 이는 인간중심상담에서 상담자의 역할이 내담자가 스스로 성장할 수 있는 치료적 분위기를 조성하는 데 있으며, 내담자의 변화는 상담자를 어떻게 지각하느냐에 따라 결정된다는 가정(권석만, 2012)과 일맥상통한다. 따라서 AI 상담자와 인간 내담자 간의 치료적 만남이 지니는 의미는 내담자에 의해 새롭게 구성될 수 있음을 보여 준다.

더불어, 공감이나 무조건적인 긍정적 존중은 단순히 내담자에게 동조하거나 편을 들어주는 것이 아님을 분명히 할 필요가 있다. 인간중심상담은 상대적으로 개념이 단순하고 복잡한 전략을 앞세우지 않아 초심 상담자에게 익숙하게 느껴질 수 있으나, 실천하기에는 가장 어려운 접근으로, 고차원적인 인격적 조건을 요구하는 이론이다(권석만, 2012). 그러므로 다분히 인간적인, 이 핵심 조건을 어떻게 구현할 것인지에 대한 AI 개발자와 상담 및 심리 치료 전문가의 지속적인 성찰과 협력이 불가피하다.

## 정신분석상담과 LLM

정신분석상담은 언어를 매개로 하는 최초의 상담 및 심리 치료 이론으로, 19세기 빅토리아 시대를 배경으로 프로이트에 의해 발전했다. 이 이론의 핵심 목표는 무의식에 있던 내용을 의식화하거나 자아 기능을 강화함으로

써, 무의식적인 갈등과 성격 문제를 해결하고 개인의 성숙을 돕는 데 있다(권석만, 2012). 인간 내부의 심리 구조 간에 일어나는 무의식적인 갈등과 충동을 중시하기 때문에, 정신역동적 상담이라고도 불린다. 정신분석적 상담은 여러 비판과 변화를 거치면서도 여전히 현대 상담 이론에 큰 영향을 미치고 있으며, 최근 LLM과 같은 AI 기술의 발전은 이 이론의 새로운 활용 방식에 대한 논의를 촉진하고 있다. 특히, 무의식적 과정, 관계의 역동성, 상징적 의미 분석과 같은 정신분석의 핵심 요소들을 AI가 어느 정도 모방할 수 있는지를 탐색하는 시도가 이어지고 있다(Mirzaei, 2025).

예를 들어, 한 연구에서는 챗지피티(ChatGPT)의 상담이 CBT에 너무 의존하고 있음을 지적하며, 정신분석상담에서 LLM의 활용 가능성을 살펴보았다(Raile, 2024). 이 연구는 챗지피티에 단계적으로 꿈의 내용을 제공하고, 여러 정신분석가의 관점에 따른 분석을 요청하는 구조화된 방식을 사용했다. 그 결과, 챗지피티의 분석은 사용자가 자신의 경험(꿈 내용)을 새로운 시각(꿈 해석)에서 성찰(무의식의 발견)하는 데 도움이 되는 보조 도구로 기능했다. 다만, 개인의 섬세한 생애사와 맥락을 충분히 반영하지 못하는 한계로 인해, 인간 상담자와 작업하기 어려운 상황에서의 제한적 활용 정도로 제안되었다.

또 다른 연구(Holohan & Fiske, 2021)에서는 LLM을 포함한 AI 상담자와의 치료적 관계에서, 정신분석 이론의 핵심 개념인 '전이(transference)'를 새롭게 조명했다. 전이는 과거 중요한 타인－예를 들어 아동기 시절 부모－에게 느낀 감정이나 소망이 현재 상담자에게 무의식적으로 나타나는 현상으로, 정신분석상담에서는 이를 분석하여 통찰을 촉진하는 데 활용한다(권석만, 2012). 챗지피티 등 AI 챗봇과의 상호 작용에서 '실제 사람과 대화하는 듯하다'라는 사용자의 반응은, AI를 심리적으로 교류할 수 있는 타인으로 인식함으로써 전이 현상이 일어날 가능성을 시사한다. 그러나 AI는 인간과 달리 고유한 경험이나 판단력을 지니지 않으며, 개발자나 사용자 의도에 따라 작동하는 알고리즘이라는 점에서, 이러한 전이는 전통적인 인간 상담자와의 전이와 다른 양상을 보일 수 있다(Holohan & Fiske, 2021). AI 상담자는 전이를 인식하고 해석할 수 있는 주관성을 지니지 않기 때문에, 이러한 관계에서의 전이 개입은 여전히 미지의 영역으로 남아 있다. 따라서 정신분석적 관점에서 AI 상담자와의 치료적 관계를 구축하기 위해서는, 다른 이론적 접근과 같이, 다양한 분야 전문가들의 논의와 통합이 선행되어야 한다.

## 참고문헌

권석만(2012). 《현대심리치료와 상담이론》. 학지사.

권정혜(2020). 《인지행동치료 원리와 기법》. 학지사.

Brocki, L. et al.(2023). Deep learning mental health dialogue system. https://arxiv.org/abs/2301.09412

Heinz, M. V. et al.(2025). Randomized trial of a generative AI chatbot for mental health treatment. *NEJM AI, 2*(4), AIoa2400802.

Holohan, M. & Fiske, A.(2021). "Like I'm talking to a real person": Exploring the meaning of transference for the use and design of AI-based applications in psychotherapy. *Frontiers in Psychology, 12*, 720476.

Lee, Y. K. et al.(2024). Enhancing empathic reasoning of large language models based on psychotherapy models for AI-assisted social support. *Korean Journal of Cognitive Science, 35*(1), pp.23~48.

Mirzaei, Z.(2025). AI as a psychodynamic therapist: Future Perspectives. *Journal of Cyberspace Studies, 9*(1), pp.127~144.

Raile, P.(2024). The usefulness of ChatGPT for psychotherapists and patients. *Humanities and Social Sciences Communications, 11*(1), pp.1~8.

Rogers, C.R.(1961). On becoming a person, Houghton Mifflin.

Sackett, C. et al.(2024). Do we dare use generative AI for mental health?. *IEEE Spectrum, 61*(6), pp.42~47.

Song, I. et al.(2024). The typing cure: Experiences with large language model chatbots for mental health support. https://arxiv.org/abs/2401.14362

Sorin, V. et al.(2024). Large language models and empathy: Systematic review. *Journal of Medical Internet Research, 26*, e52597.

## 06
## LLM 기반 상담 및 심리 치료의 문화적 민감성

상담자의 문화적 민감성은 상담의 질과 정신 건강에 큰 영향을 미친다. 특히 LLM의 발전은 문화적 민감성과 사회 정의, 그리고 문화적 편향과 사회적 불평등 문제를 동시에 제기하는 양면성을 지닌다. 따라서 상담과 LLM의 교차점에서 문화적 민감성을 탐구하는 일은 다양한 영역의 전문가들에게 핵심 과제가 되었다.

AI와 야구?

## 문화적 민감성: 상담과 LLM의 교차점

모든 인간은 문화적 존재이므로 상담 및 심리 치료는 본질적으로 다문화적이다(Pedersen, 1991). 그러나 문화적 민감성과 역량을 논할 때는 단순한 문화적 차이의 존중을 넘어서, 사회 구조적 특권과 억압의 맥락을 함께 인식해야 한다. 다문화 상담은 단지 문화적 다양성을 존중하는 시도만이 아니라, 주류 상담 이론이 사회적 소수자 집단을 병리적으로 바라본 데에 대한 비판적 성찰에서 출발했기 때문이다(Arredondo et al., 1996). 이 문제의식에서 상담 패러다임은 내담자의 사회 · 문화적 맥락을 고려하는 다문화 상담으로 새롭게 확장되었다. 그러므로 문화적으로 민감한 상담자는 내담자와 어떤 문화적 존재로 관계 맺을 것인가를 성찰하는 다문화 지향(Owen, 2013)을 바탕으로 다문화 역량(Sue et al., 1992)을 지속적으로 발달시켜야 한다.

문화적 민감성은 AI 분야에서도 중요한 과제로 주목받고 있다. "디지털 테크놀로지는 문화를 능동적으로 형성하고, 세상에 대한 새로운 관점을 낳으며 새로운 문명을 일으킨다"라는 관점에 따라, AI 시스템의 설계와 적용에 다문화적 요소를 반영해야 한다는 주장이 제기되고 있다(Ożegalska-Łukasik & Łukasik, 2023). LLM이

거듭 발전하면서 상담 및 심리 치료에서 LLM의 역할은 기술적 진보와 윤리적 돌봄이 만나는 흥미로운 교차 지점을 만들어 내고 있다. 이는 상담을 모두에게 접근성이 좋은 그리고 다문화적으로 역량 있는 방향으로 발전시킬 가능성을 보여 준다(Urom et al., 2025). 그러므로 LLM을 비롯한 AI 발전이 상담 및 심리 치료에 미치는 영향을 문화적 민감성의 관점에서 자세히 살피는 일은 상담자가 성찰하고 실천해야 할 핵심 과제다.

## 문화적 민감성 또는 문화적 편향

상담자가 다문화 상담 역량을 발휘하기 위해서는 지식과 기술을 넘어서 다문화를 지향하는 삶의 태도가 필요하다. 다문화 지향은 상담자의 문화적 정체성과 태도를 중시하며, 내담자와 어떤 존재로 함께할지를 끊임없이 성찰하게 하는 '과정 중심'의 이론적 틀이다(Owen, 2013). 이러한 맥락에서 LLM도 문화적 민감성을 기반으로 한 상담 역량과 태도를 학습해야 한다. 최근 연구들은 LLM이 상담에서 다문화주의를 실천할 가능성을 탐색하고 있다.

일례로, 한 연구팀(Goldberg et al., 2024)은 상담자의 다문화 지향이 상담 과정에서 드러나는 수준을 자연어 처리(NLP) 기술로 평정할 수 있는지 파악했다. 그 결과, AI 모델은 문화와 관련된 언급을 언어적으로 포착하는 데에는 높은 정확도를 보였으나 상담자의 존재 방식이나 정서적 분위기와 같은 비언어적·관계적 요소를 반영하는 데에는 다소 미진했다. 성소수자의 커밍아웃(자신의 성별 정체성이나 성적 지향을 자발적으로 타인에게 드러내는 행위)에 챗지피티(ChatGPT)가 제공한 조언을 분석한 연구도 있다(Cirucci et al., 2024). 연구 결과, 챗지피티는 주어진 모범 사례와 유사하게 답변하였으나, 일부 응답에서는 성소수자 당사자에게 정서적 부담을 전가하거나 관습적 관점을 비판 없이 재현하는 등 문화적으로 민감하지 않은 양상이 드러나기도 했다.

AI 알고리즘을 문화적으로 책임 있게 구현하는 데는 많은 도전이 따를 것이다. 특히 AI 커뮤니티 전반에 내재한 문화적 편향 문제가 지적되고 있다. 예컨대, 최근 검열로부터의 자유를 강조하며 '가드레일 없는 생성'을 표방한 생성형 AI 그록(Grok)이 주목을 받았지만, 혐오와 차별을 조장하는 응답을 생성하는 등, 편향된 데이터에 기반을 둔 알고리즘이 인종 차별 등의 역사적 불평등을 강화할 수 있다는 위험성을 보여 주었다(AI타임즈, 2025.2.26).

상담 및 심리 치료 자료도 편향의 문제에서 벗어나 있지 않다. LLM이 가장 널리 활용하고 있는 인지행동치료(CBT)는 주로 백인, 고학력, 이성애자를 대상으로 개발된 이론이므로, 해당 데이터를 기반으로 한 알고리즘은 신경 다양인을 비롯해 인종적 · 문화적 소수자, 성소수자, 사회 경제적 취약 계층 등 다양한 집단을 배제할 위험이 있다(Richards, 2024). 이러한 구조적 편향에 대한 인식 없이 AI 기술을 상담에 도입할 경우, 상담 과정의 문화적 민감성을 훼손할 뿐 아니라 내담자에게 해로운 영향을 미칠 수 있다.

본 연구 결과나 사례는 LLM이 문화의 비언어적 · 맥락적 특성을 재현하지 못하고, 인간의 편향을 알고리즘적으로 반복한다는 한계를 보여 준다. 그러나 인간이 문화적으로 포용적이고 책임 있는 자료를 지속적으로 학습시키고 조정해 나간다면, LLM도 점차 변화할 수 있다. 특히 사회적 소수자 집단에 더 민감하게 반응하고, 다양성을 존중하는 치료적 태도와 개입을 보일 가능성에 주목해야 한다. 이는 LLM의 알고리즘이 결국 인간 현실 세계의 데이터를 일정 부분 반영한 결과물이기 때문이다.

## 사회 정의의 양면

다문화 상담의 등장은 자연스럽게 사회 정의를 상담에 통합하고자 하는 흐름으로 이어졌다. 다문화주의의 궁극적 목표가 사회 정의의 실천, 즉 구조적 불평등과 차별의 해소에 있기 때문이다. 따라서 사회 정의는 정신 건강 추구나 접근의 불평등에 주목한다. 이 관점에서 볼 때, LLM 기반 AI 상담 및 심리 치료 도구의 대중적 보급은 상담 접근성 향상이라는 측면에서 사회 정의 실현의 가능성을 제시한다. 24시간 저비용으로 누구나 정서적 지지와 간단한 상담 개입을 받을 수 있다는 점은 전통적 상담이 가진 물리적 · 경제적 제약을 어느 정도 완화한다. 특히 고립된 환경에 있는 개인이나 가벼운 감정적 어려움을 겪는 이들에게 LLM 기반 서비스는 실질적인 도움을 줄 수 있을 것이다.

그러나 AI 상담 도구의 확산이 곧바로 사회 정의 실현으로 이어지지는 않는다. 접근성 확대라는 긍정적 효과에도 불구하고, 이러한 기술은 오히려 구조적 불평등과 양극화를 심화할 수 있는 여러 요소를 내포하고 있기 때문이다(Tang et al., 2024). 우선, 디지털 리터러시가 낮거나 인터넷 인프라 접근이 어려운 고령자, 저소득층, 농어촌 거주자, 장애인 등 소외 계층은 기술 발전의 혜택에서 배제될 가능성이 크다(Mishori, 2025). 언어 간 격차도 무시할 수 없다. 대부분의 LLM이 영어 중심으로 훈련된 점을 예로 들면, 메타(Meta)의 라마(Llama) 2는 훈련 데이터의 89.7%가 영어지만 베트남어는 0.08%에 불과하다(Tang et al., 2024). 이처럼 훈련 데이터의 언어적 불균형은 성능 저하와 잘못된 정보 확산을 초래할 수 있으며, 상담 내용 역시 서구 중심의 문화적 편향을 내포할 가능성이 크다. 결과적으로 AI 기술이 정보 접근 격차를 줄이기보다 오히려 확대할 우려가 있으며, 상담과 심리치료 영역에서도 디지털 격차는 중요한 문제로 다뤄져야 한다.

또한, LLM 기반 저비용 AI 상담과 고비용 인간 상담자에 의한 서비스 간에는 질적 차이가 존재하며, 이러한 격차는 기술의 확산과 함께 더욱 뚜렷해질 수 있다. 그 결과, 개인의 경제적 여건에 따라 접근할 수 있는 상담 서비스의 수준이 달라지는 구조가 고착될 염려도 존재한다. 이는 자본력에 따라 정신 건강 서비스의 질과 내용이 결정되는 이중적 체계를 재생산하고, 상담 영역 내 새로운 형태의 양극화를 초래할 수 있다.

LLM 기반의 저비용 또는 무료 AI 상담은 인간 상담자의 개입 없이도 일정 수준의 정서적 지지나 간단한 상담 개입을 제공할 수 있다. 이러한 챗봇은 자원이 부족한 지역이나 집단에서 '준전문가' 역할을 일부 담당하며, 비교적 가벼운 심리적 어려움을 겪거나 일상적인 지지가 필요한 사람들에게 효과적으로 활용될 수 있다. 그러나 트라우마, 복합적인 정신 건강 문제, 정체성과 문화가 얽힌 이슈와 같이 더욱 복잡하고 민감한 주제를 다룰 경우, AI 기술은 인간 상담자의 관계적 개입, 정서적 공감, 문화적 민감성, 그리고 윤리적 판단 능력을 대체하기 어렵다.

상담 영역에서 AI 기술의 활용은 단순한 기술 진보가 아니라, 사회 정의 실천의 새로운 장을 여는 동시에 윤리적 책임과 제도적 개입을 함께 요구하는 복합적 과제다. 이는 상담자, 기술 개발자, 정책 입안자, 그리고 내담자 공동체 모두에게 주어진 시대적 책무이며, 각자의 자리에서 그 책임을 인식하고 적극적으로 실천할 필요가 있다.

## 참고문헌

AI타임즈(2025.02.26). '그록-3'를 둘러싼 논란… "AI 챗봇의 정치화". https://www.aitimes.com/news/articleView.html?idxno=168267

Arredondo, P. et al.(1996). Operationalization of the multicultural counseling competencies. *Journal of Multicultural Counseling and Development, 24*(1), pp.42~78.

Cirucci, A. M. et al.(2024). Culturally responsive communication in generative AI: Looking at ChatGPT's advice for coming out. *AI & SOCIETY, 40,* pp.2249~2257.

Goldberg, S. B. et al.(2024). Automating the assessment of multicultural orientation through machine learning and natural language processing. *Psychotherapy.* https://doi.org/10.1037/pst0000519

Mishori, R.(2025). Artificial intelligence technology in healthcare and the digital divide. *Digital health, AI and generative AI in healthcare: A concise, practical guide for clinicians,* pp.139~147.

Owen, J.(2013). Early career perspectives on psychotherapy research and practice: Psychotherapist effects, multicultural orientation, and couple interventions. *Psychotherapy, 50*(4), pp.496~502.

Ożegalska-Łukasik, N. & Łukasik, S.(2023). Culturally responsive artificial intelligence – problems, challenges and solutions. https://arxiv.org/abs/2312.08467

Pedersen, P. B.(1991). Multiculturalism as a generic approach to counseling. *Journal of Counseling & Development, 70*(1), pp.6~12.

Richards, D.(2024). Artificial intelligence and psychotherapy: A counterpoint. *Counselling and Psychotherapy Research, 25*(1), e12758.

Sue, D. W. et al.(1992). Multicultural counseling competencies and standards: A call to the profession. *Journal of Counseling & Development, 20*(2), pp.64~88.

Tang, A. et al.(2024). Health information for all: Do large language models bridge or widen the digital divide?. *BMJ, 387*, e080208.

Urom, C. et al.(2025). The new wave: Integrating artificial intelligence into ethical and multicultural counselling. *Counselling and Psychotherapy Research, 25*, e12830.

## 07
## LLM과 상담자 교육 및 수련

LLM은 상담 수련생에게도 유용한 도구가 될 수 있다. 실제 상담 사례를 분석하거나 가상 사례를 실습하는 방식은 수련생이 상담 기술을 익히고 자신감을 키우는 데 도움이 될 수 있다. 물론 개인 정보 보호를 비롯한 윤리적인 문제는 여전히 중요한 과제이며, 인간 상담자의 비판적 사고와 주도성 역시 간과할 수 없는 부분이다.

AI와 운동주?

## 상담자 교육과 수련에서의 LLM 활용

LLM 기반 생성형 AI의 비약적인 발전은 상담자 교육의 방식에도 새로운 가능성을 열어 주고 있다. 아직은 기초적인 수준이지만, 상담자 교육에서 이러한 기술을 어떻게 활용할 수 있을지에 대한 논의가 점차 이루어지고 있으며, 이는 전문적인 상담자 양성 과정의 효율성과 접근성을 높이는 데 영향을 줄 수 있다. 특히 상담 사례를 진행해 본 경험이 적은 상담 수련생들에게 LLM을 활용한 실습이 어떤 방식으로 안전하고 유용한 학습 자료가 될 수 있는지 탐색해 볼 필요가 있다.

상담자 교육과 수련에서 LLM은 수련생의 실제 상담 회기 내용을 분석 · 검토하는 도구로 활용되거나, LLM 기반 챗봇을 가상 내담자로 설정해 모의 상담이나 사례 개념화 실습에 활용될 수 있다. 이러한 방식은 상담 기술을 반복적으로 연습하고 피드백을 받을 수 있는 구조를 촉진하거나 수련생의 실습 기회를 늘려 줄 수 있다. 다음에서는 LLM을 상담자 교육과 수련에 적용한 사례들과 관련 연구 결과들을 소개하고, 그 유용성과 함께 현재 드러난 한계점들도 함께 살펴보고자 한다.

## 실제 사례를 검토하는 LLM

LLM은 수련생이 실제로 진행한 상담 대화록을 분석하고, 상담의 성과를 평가하거나 개선점을 제시하는 기능을 수행할 수 있다. 대표적인 예로, 미국에서 개발된 소프트웨어 리슨(Lyssn)이 있다. 리슨은 상담 및 심리 치료 분야의 훈련을 지원하기 위해 설계된 기술 플랫폼으로, 화상 상담 세션을 자동으로 기록하고, 이를 LLM 기반 AI 모델이 분석한다. 이 과정에서 상담 전문가들의 피드백과 주석이 모델 훈련에 반영되어, 상담 대화의 질을 객관적으로 평가할 수 있는 기반이 마련된다.

예를 들어, 리슨은 입력된 상담 대화 내용에서 상담자가 얼마나 일관되게 개입했는지, 공감적 태도를 얼마나 잘 보였는지, 반영적 경청 등의 기본 기술을 어떻게 사용했는지 등을 자동으로 분석해 수치화된 피드백을 제공한다(Atkins, 2023.10.27). 이러한 피드백은 수련생을 지도하는 수퍼바이저에게도 중요한 자료가 되어, 상담의 어느 부분을 구체적으로 피드백해야 하는지에 대한 방향성을 제시한다.

리슨의 효과에 대한 연구(Peavy et al., 2024)에 따르면, 리슨을 활용한 수련 경험은 상담 기술 습득과 상담 과정 몰입에 도움을 주어 수련생과 수퍼바이저 모두 긍정적으로 평가했다. 다만, 상담이 녹화 · 분석된다는 점에서 수련생들이 심리적 부담과 상담 내용의 민감성에 대한 우려를 나타내기도 하였다.

## 가상 사례 실습을 돕는 LLM

LLM은 실제 내담자를 대상으로 하지 않고도 수련생이 상담 상황을 연습할 수 있도록 돕는 데 유용하다. LLM을 통해 가상의 내담자 역할을 생성하고, 특정 이론이나 개입 기술을 실제처럼 연습해 보는 것이다. 이 방식은 실제 내담자의 안전과 복지를 해치지 않으면서 윤리적인 수련을 진행할 수 있다는 장점이 있다.

예를 들어, 인지행동치료(CBT)를 훈련받는 수련생은, LLM이 생성한 가상 내담자와의 대화를 통해 내담자가 보이는 비합리적인 신념을 찾아내고 이를 재구성하는 과정을 연습할 수 있다(Demszky et al., 2023). 이는 실제 상황을 시뮬레이션하면서도 반복 학습이 가능하다는 점에서 교육적으로 유익하다.

또한, LLM은 상담 이론을 본격적으로 배우기 전에 필수적으로 익혀야 하는 기초 상담 기술—예를 들어 공감, 반영, 경청, 타당화, 재진술, 요약 등—을 연습할 수 있는 도구로도 활용된다. 한 연구(Maurya, 2024)는 챗지피티

(ChatGPT)를 이용해 10개의 가상 사례를 시나리오 형태로 개발하였고, 챗지피티가 내담자 역할을 맡도록 설정했다. 챗지피티가 수행한 내담자 역할은 진정성, 일관성, 감정 표현의 적절성, 문화적 민감성, 공감과 자기 인식 측면에서 상담자들에게 긍정적인 평가를 받았다. 다만, 반응이 다소 이상적으로 표현되는 경향이 있거나, 비언어적 반응—예를 들어 표정, 억양, 침묵 등—을 확인할 수 없는 반응도 존재했다.

한국 수련생을 대상으로 한 연구(Jeong et al., 2025)에서는 가상 내담자 역할을 맡은 챗지피티와 수련생이 3회기에 걸쳐 상담을 진행한 결과, 수련생의 상태 불안 감소와 상담자 효능감 증가라는 긍정적인 수련 성과를 보고했다. 이는 LLM을 활용한 실습이 상담 기술 향상뿐 아니라 수련생의 주관적 인식 변화와 효능감 발달에도 유용할 수 있음을 시사한다.

가상 사례를 활용한 실습에서는 사례 개념화에 따른 상담 목표 및 전략 수립도 훈련할 수 있다. 한 연구(Hsieh et al., 2024)에 따르면, 챗지피티에 특정 이론을 바탕으로 사례 개념화를 요청했을 때, 그 결과가 상담심리 전공 박사과정생이 작성한 사례 개념화와 매우 유사한 것으로 나타났다. 이는 챗지피티가 가상 사례 개념화 연습에서 적절한 피드백을 제공하는 파트너로 활용될 수 있음을 시사한다. 수련생은 가상 내담자의 배경, 주요 문제, 감정 반응 등을 바탕으로 사례를 분석하고 구조화하여, 특정 이론에 초점을 둔 상담 전략을 수립하는 연습을 할 수 있다. LLM은 다양한 이론적 틀과 개입 방식을 제안함으로써 수련생이 폭넓은 시각으로 사고할 수 있도록 돕고, 실제 상담 실무에 필요한 판단력과 문제 해결력을 함양하도록 돕는 학습 플랫폼으로 기능할 수 있다. 다만, 연구자들(Hsieh et al., 2024)의 권고처럼 윤리적이고 전문적인 수련을 위해서는 가상 사례만을 이용하여 상담을 실습하고, 상담 수련의 보조 도구로만 활용해야 함을 유념해야 한다.

## 상담자 교육 및 수련의 한계와 유의점

이처럼 LLM을 활용한 수련 지원 프로그램은 다양한 가능성을 보여 주지만, 동시에 중요한 한계와 유의점도 함께 인식할 필요가 있다. 첫째, LLM은 상담자 수련에서 보조 수단으로서 일정한 가치를 지니지만, 그 기능만으로는 인간적인 요소를 온전히 대체할 수 없다. 예컨대, 챗지피티를 활용한 상담 실습은 기본적인 상담 기술 습득에는 도움이 되었지만, 반응이 지나치게 이상적이거나 비언어적 단서를 포착하는 데에는 한계가 있었다(Maurya, 2024). LLM을 활용해 언어적 상호 작용을 수련할 수는 있지만, 깊이 있는 정서적 반응, 공감적 태도, 복합적인 상황 맥락을 이해하는 데에는 여전히 어려움이 따른다(Ajlouni et al., 2023). 리슨과 같은 시스템이 제시하는 정량적 성과 지표는 참고 자료로 활용될 수 있으나, 자료의 해석과 실제 상담에의 적용은 결국 상담자 개인의 임상적 판단과 경험에 달려 있다. 상담이라는 작업의 본질은 수치로 환산하기 어려운 관계성과 과정 중심의 특성에 있으며, 이 특성은 수련생이 반드시 체득해야 할 핵심 역량이기도 하다.

둘째, 상담 및 심리 치료는 기본적으로 매우 민감한 개인 정보를 다루는 과정이기에, 실제 상담 자료를 기반으로 LLM을 활용할 때 내담자의 개인 정보 보호와 사생활 보장이라는 윤리적 문제를 완전히 해결하기 어렵다. 상담에서 기본적으로 요구되는 비밀 보장과 사생활 보호의 원칙은 예외적인 경우를 제외하고 철저히 지켜져야 하며, 상담 정보의 활용 범위와 한계에 대해 내담자에게 충분히 설명하고 동의를 얻는 절차가 필수적이다. 따라서 상담자와 플랫폼 모두 이러한 절차를 명확히 준수하고 있는지를 점검할 필요가 있으며, 인공지능 기술의 사용과 관련된 개인 정보 윤리에 대해서도 지속적인 비판적 성찰이 요구된다.

이러한 맥락에서, 실제 사례를 활용하는 플랫폼 리슨은 미국의 의료정보보호법(HIPAA), 교육기록보호법(FERPA), 유럽연합의 일반 개인 정보 보호 규정(GDPR)을 모두 준수하고 있다고 밝히고 있으며, 이는 범용 LLM인 챗지피티보다 개인 정보 보호 측면에서 더 엄격한 기준을 적용한다고 볼 수 있다. 반면 한국의 경우, 상담 및 심리 치료에 국한된 별도의 법이나 규정이 개인 정보 보호법 이상으로 존재하지 않기 때문에, 국내 플랫폼의 개인 정보 보호 정책이 상담 영역의 특수성과 민감성을 충분히 반영하고 있는지에 대한 기준이 마련되어 있지 않다.

셋째, 인간 상담자의 지속적인 비판적 사고와 자율적 성찰의 중요성도 간과해서는 안 된다. LLM이 제공하는 정보에 과도하게 의존할 경우, 상담자로서의 주체적인 판단력과 임상적 직관이 약화하는 '탈숙련화(deskilling)' 현상이 발생할 수 있다(Choudhury & Chaudhry, 2024). 이처럼 LLM을 비롯한 AI에 대한 과도한 의존은 수련생이 스스로 사고하고 결정하는 능력을 약화하며, 상담자라는 전문 직업의 핵심 역량을 훼손할 위험이 있다. 실제로 챗지피티와의 상담 실습을 경험한 수련생들의 자기효능감은 AI 피드백을 받은 집단보다 자기 성찰적 피드백을 진행한 집단에서 더 크게 향상된 것으로 나타났다(Jeong et al., 2025). 이는 LLM과 같은 최신 기술이 상담자의 성장을 돕는 유용한 도구가 될 수 있지만, 그 중심에는 언제나 인간의 주체적인 성찰 능력이 자리해야 함을 시사한다.

## 참고문헌


Ajlouni, A. O. et al.(2023). Students' attitudes towards using ChatGPT as a learning tool: The case of the University of Jordan. *International Journal of Interactive Mobile Technologies, 17*(18), pp.199~218.

Atkins, D.(2023.10.27). Does Lyssn Use Generative AI?. Lyssn. https://www.lyssn.io/does-lyssn-use-generative-ai

Choudhury, A. & Chaudhry, Z.(2024). Large language models and user trust: Consequence of self-referential learning loop and the deskilling of health care professionals. *Journal of Medical Internet Research, 26*, e56764.

Demszky, D. et al.(2023). Using large language models in psychology. *Nature Reviews Psychology, 2*(11), pp.688~701.

Hsieh, L. H. et al.(2024). Feasibility assessment of using ChatGPT for training case conceptualization skills in psychological counseling. *Computers in Human Behavior: Artificial*

*Humans, 2*(2), 100083.

Jeong, D. et al.(2025). AI integration in counseling training: Aiding counselors-in-training in self-efficacy enhancement and anxiety reduction. *Journal of Counseling & Development.* https://doi.org/10.1002/jcad.12560

Maurya, R. K.(2024). A qualitative content analysis of ChatGPT's client simulation role-play for practising counselling skills. *Counselling & Psychotherapy Research, 24*(2), pp.614~630.

Peavy, K. M. et al.(2024). Improving the quality of counseling and clinical supervision in opioid treatment programs: how can technology help?. *Addiction Science & Clinical Practice, 19*(8), pp.1~11.

## 08
## LLM과 평가 및 진단

심리 평가와 진단은 내담자 이해와 상담 계획 수립에 유용하지만, 방법론 적용에 따른 한계가 존재했다. LLM 도입은 평가와 진단 과정을 보다 다양하고 타당하게 보완하는 새로운 가능성을 제시한다. 다만 최종 해석과 의사 결정은 반드시 인간 전문가의 책임이 될 것이다.

AI와 한의학?

## 평가와 진단: 이론적 기초와 현재의 과제

심리 평가(psychological assessment)는 심리학적 지식을 바탕으로, 면담, 관찰, 생리 측정, 심리 검사 등을 통해 개인의 지능, 성격, 행동 특성, 정신병리 등 다양한 심리적 속성을 수집하고 평가하는 과정이다. 이 평가는 심리 진단(psychodiagnosis)의 기초가 되며, 개인의 이상 행동과 증상을 해석 · 종합하여 특정 심리 장애를 분류하거나 감별하는 데 활용된다(권석만, 2023).

평가와 진단을 바탕으로 내담자의 사례 개념화가 형성되면, 상담자는 내담자와의 관계 형성 방식, 개입의 기조, 초기 상담에서 집중할 주제 등 핵심 영역에서 치료적으로 적절한 선택을 할 수 있는 근거를 확보할 수 있다(McWilliams, 2011). 따라서 심리 평가와 진단은 상담 및 심리 치료에서 내담자의 상태를 체계적으로 이해하고, 효과적인 상담 계획을 수립 · 실행하는 데 핵심적인 치료적 활동이다.

전통적으로 심리 평가는 구조화된 면담, 자기보고 설문지, 행동 관찰 등 다양한 방법을 활용하며, 각 방법은 고유한 강점과 한계를 지닌다. 신뢰도와 타당도를 높이기 위해 다방법(multi-method) 평가가 권장되지만, 시간과 비용, 전문가 부족 등의 제약으로 인해 연구나 실무에서 광범위하게 적용하기 어려운 실정이다(Brickman et al., 2025). 최근 온라인 심리 평가의 발전으로 공간과 시간의 제약은 완화되었으나, 대부분 5점 리커트 척도나 '예/아니요'와 같은 구조화된 방식에 의존한다. 그중 가장 널리 사용되는 자기 보고식 설문은 사회적 바람직성 편향, 기억 오류, 제한된 자기 통찰 등의 한계를 지닌다(Paulhus & Vazire, 2007). 반면, 면담이나 서술형 응답과 같은 비구조화된 정성적 데이터는 전문가의 관찰과 해석이 필요해 활용도가 상대적으로 낮다.

이러한 평가 및 측정의 한계를 극복하려는 방안으로 LLM이 주목받고 있다. 방대한 텍스트 데이터를 정교하게 분석하고 패턴을 파악하는 LLM의 능력을 활용해, 심리 평가 도구로서의 잠재력을 확장할 수 있기 때문이다. 특히 정량적 · 정성적 데이터를 함께 활용해 자기보고의 한계를 보완한다면, 시간과 비용 측면에서도 효율적인 평가가 가능할 것이다(Brickman et al., 2025).

## LLM 기반 심리 평가와 진단 연구 동향

최근 컴퓨터 과학과 상담 · 심리 치료 분야를 넘나들며 LLM을 심리 평가 및 진단에 활용하는 연구가 증가하고 있다. 한 연구(Ke et al., 2024)에서는 LLM이 개인의 언어 표현과 텍스트를 분석하여 우울, 불안 등 정신 건강 문제를 신속히 감지하는 초기 선별 도구로 활용될 수 있음을 제안했다. 이는 전문가 판단을 대체하지는 않으나, 내담자의 상태를 빠르게 파악하여 초기 개입의 참고 자료로 기능할 것으로 기대된다.

또 다른 연구(Kjell et al., 2024)는 LLM이 설문 문항에 대한 응답을 통해 심리 상태를 평가하는 기존 방식을 변화시킬 가능성을 제시하며, 자연어 응답 분석에서 LLM의 장점(정확성, 정보의 폭, 해석력)과 한계(편향, 위험성, 윤리적 문제)를 검토했다. 이들은 LLM을 통해 전통적인 척도 중심 평가를 넘어 일상 언어를 활용한 평가로 전환하거나 확장할 가능성을 전망했다.

유사하게 LLM이 개인의 심리 특성을 이해하고 기존 자기 보고식 평가의 한계를 보완할 잠재력을 지니나, 동시에 고유한 위험과 윤리적 문제를 거론한 연구도 존재한다(Brickman et al., 2025). 연구자들은 다학제 간 협력의 중요성을 강조하며, LLM 기반 심리 평가 모델 개발, 실험 설계, 데이터 분석 및 윤리적 고려 사항을 체계적으로 안내했다.

또한 임상 데이터와 소셜 미디어 텍스트를 활용한 우울증 탐지 및 분류에 LLM을 적용한 34편의 연구를 분석한 체계적 문헌 연구도 있다(Omar & Levkovich, 2025). 연구에 따르면, 로버타(RoBERTa)와 버트(BERT) 등 주요 LLM은 특히 초기 탐지 및 증상 분류에서 높은 성능을 보였으나, LLM의 임상 적용은 아직 초기 단계에 머물러 있으며 개인 정보 보호와 윤리 문제에 대한 지속적 검토가 필요하다.

한편, LLM이 심리 평가 및 진단 과정에서 인간 전문가의 절차를 얼마나 일관되게 재현할 수 있는지에 관한 경험적 연구도 활발히 진행되고 있다. 예를 들어, 최근 연구에서는 우울증 선별 도구(Patient Health Questionnaire-9)와 범불안 장애 평가 도구(Generalized Anxiety Disorder-7)를 기반으로, LLM이 진단 과정을 얼마나 충실히 모방할 수 있는지를 실험했다(Roy et al., 2025). 일부 LLM 모델은 미세 조정을 통해 진단 일관성을 크게 향상했으며, 90% 이상의 높은 정확도를 기록했다.

반면 챗지피티가 자살 위험 평가에서 전문가보다 일관되게 위험 수준을 낮게 판단하는 경향이 있음이 보고된다(Elyoseph & Levkovich, 2023). 이러한 사례는 LLM이 아직 인간 전문가의 복합적 직관을 완전히 대체하기 어렵고, 특히 고위험 사례에서는 윤리적 위험이 수반될 수 있음을 시사한다. 아울러 전문적인 이해와 판단을 위해 범용이 아닌 특정 목적에 맞게 고안된 LLM 개발이 학제적 협력을 통해 이루어져야 할 것이다.

## LLM 활용의 한계와 전문적 권고 사항

기술적 진보에도 불구하고, LLM은 어디까지나 보조적 수단이라는 점을 명확히 인식해야 한다. 상담에서의 평가와 개입은 인간 간 관계와 맥락적 민감성을 바탕으로 이루어지며, 언어 이면의 의미를 해석하는 데에는 상담자의 직관과 전문성, 그리고 윤리적 판단이 필수적이다. 예컨대 "죽고 싶다"라는 표현이 실제 자살 의도인지, 감정의 일시적 분출인지, 또는 관계적 신호인지 구분하는 것은 기계적 분석만으로는 어려운 일이다.

심리 평가와 진단은 상담 개입의 구조를 설정하는 핵심적인 출발점 중 하나이며, 사례 개념화는 이를 내담자 중심의 내러티브로 정교화하는 과정이다. 여기에 LLM을 적절히 활용하면 방대한 언어 자료 속에서 의미 있는 단서를 효과적으로 추출하고 구조화하는 데 도움을 줄 수 있다. 다만, 최종적인 의사 결정과 개입은 인간 전문가의 역량과 윤리성에 기반해야 하며, LLM은 이러한 전문성을 보조하는 수단으로 활용될 때 가장 큰 잠재력을 발휘할 것이다.

이에 관한 AI 기반 심리 평가 사용 지침(Dumas et al., 2025)을 다음과 같이 제시했다.

(1) 심리 평가를 수행하기 전에 수검자에게 AI 사용 사실을 반드시 알려야 한다.
(2) 인간 전문가가 아닌 AI가 생성한 자료로 AI 평가 모델을 학습시키지 말아야 한다.
(3) AI 기반 심리 평가 결과에 내재한 불확실성을 반드시 고려해야 한다.
(4) 수검자가 자신이 아닌 AI가 생성하거나 AI의 도움을 받은 응답을 하지 않도록 주의해야 한다.
(5) 인간이 평가한 기준을 바탕으로 심리 평가의 타당성을 입증해야 한다.
(6) AI 기반 심리 평가 모델이 문화 간에 일반화된다고 가정하지 말아야 한다.
(7) 인간 전문가의 감독과 감사에 관한 명확한 절차를 마련해야 한다.
(8) 서로 다른 AI 모델이나 버전에서 산출된 심리 평가 점수를 직접 비교하지 말아야 한다.
(9) 심리 평가 보고서에 AI 사용 사실을 명확히 언급하고, 수검자에게 이에 관해 설명해야 한다.

(10) 정당한 이해나 근거 없이 이해관계자가 AI라는 블랙박스를 신뢰할 것으로 기대해선 안 된다.

이러한 원칙들은 LLM이 심리 평가와 진단 분야에서 가지는 잠재력을 보여 주는 동시에, 전문가로서 인간이 지녀야 할 윤리적 책임을 일깨워 준다.

## 참고문헌


권석만(2023). 《현대 이상심리학》. 학지사.

Brickman, J. et al.(2025). Large language models for psychological assessment: A comprehensive overview. *Advances in Methods and Practices in Psychological Science.* https://doi.org/10.31234/osf.io/qm9ae_v1

Dumas, D. et al.(2025). Ten guidelines for scoring psychological assessments using artificial intelligence. *European Journal of Psychological Assessment, 41*(3), pp.169~173.

Elyoseph, Z. & Levkovich, I.(2023). Beyond human expertise: The promise and limitations of ChatGPT in suicide risk assessment. *Frontiers in psychiatry, 14*, 1213141.

Ke, L. et al.(2024). Exploring the frontiers of LLMs in psychological applications: A comprehensive review. https://arxiv.org/abs/2401.01519

Kjell, O. N. et al.(2024). Beyond rating scales: With targeted evaluation, large language models are poised for psychological assessment. *Psychiatry Research, 333*, 115667.

McWilliams, N.(2011). *Psychoanalytic diagnosis: Understanding personality structure in the clinical process.* Guilford Press.

Omar, M. & Levkovich, I.(2025). Exploring the efficacy and potential of large language models for depression: A systematic review. *Journal of Affective Disorders, 371*, pp.234~244.

Paulhus, D. L. & Vazire, S.(2007). The self-report method. In Robins, R. W. et al.(eds.), *Handbook of research methods in personality psychology*, pp.224~239. Guilford Press.

Roy, K. et al.(2025). Exploring the potential of large language models for assisting with mental health diagnostic assessments: The depression and anxiety case. https://arxiv.org/abs/2501.01305

## 09
# LLM과 상담자 윤리

LLM의 상담 및 심리 치료 도입은 기술의 편의성뿐 아니라 윤리적 · 전문적 책임을 수반한다. 상담자는 사전 동의, 개인 정보 보호, 위기 개입 가능성, 알고리즘의 편향성과 기술적 제약, 과의존 위험 등 다양한 윤리 쟁점을 고려해야 하며, 무엇보다도 전문가로서 비판적 사고와 책임 있는 실천이 요구된다.

AI와 화장품?

## 상담자 윤리와 LLM의 등장

상담자는 전문가로서 윤리적이어야 한다. 윤리는 상담자가 전문가로서 최상의 목표를 달성하기 위해 지켜야 할, 직업적으로 이상적인 기준을 의미한다. 상담자의 윤리적인 직무 수행은 '이것이 비윤리적인가?'를 판단하는 원칙 윤리와 '상담자로서 내담자의 권익을 최대한 보장하고 있는가?'라는 덕목 윤리를 모두 통합하여, 현명한 윤리적 의사 결정을 내리고 이를 실천하는 것이다(Corey et al., 2023). 이렇게 상담자가 내담자의 권익과 복지를 최우선에 두고 숙고하며 결정하려는 태도는 매우 전문적인 행위이며, 윤리적이라는 것은 곧 전문적이라는 의미가 이 맥락에서 적용된다.

코로나19 이후 뉴 노멀 시대를 맞이하면서 AI를 비롯한 다양한 기술이 상담 실무와 수련 장면에 도입되었고, 상담자들은 비대면 상담 및 심리 치료, 상담에서의 기술 사용 등 다양한 주제의 윤리적 딜레마를 마주했다(강수정 외, 2024). 이때, 윤리적 딜레마란 관련 문제를 다룰 지침이 존재하지 않아 윤리적으로 의사 결정하기 어려운 현상을 뜻한다(Sperry, 2006). 상담 및 심리 치료에 LLM이 도입될 때, 어떤 윤리적 문제가 예상될까? 그리고 상담자는 어떤 방식으로 윤리적 의사 결정을 내릴 수 있을까? 이 모든 질문이 바로 인간의 노력으로 끊임없이 이루어져야 하는 성찰이자 실천일 것이다.

## 범용적인 AI 윤리 지침

AI 분야에서도 윤리는 중요하다. LLM의 도입으로 생성형 AI가 빠르게 발전하면서, AI 윤리는 사회적으로 중요한 주제가 되었다. AI 윤리는 AI 기술과 관련된 이해당사자들이 지켜야 할 보편적 사회 원칙이나 규범이라고 볼 수 있다(이우권, 2020; 박연정 외, 2023). 대표적인 AI 윤리 지침으로 유럽연합(EU), 세계보건기구(WHO), 한국 정부의 지침을 소개하려고 한다. 먼저, EU 집행위원회는 2019년 국제기구 차원에서 처음으로 '신뢰할 수 있는 인공지능에 대한 윤리 지침'을 발표했다(High-Level Expert Group on Artificial Intelligence, 2019). 이 지침은 △합법성 △윤리성 △견고성이라는 세 가지 구성 요소 아래, 인간의 개입과 감독, 기술적 안전성, 데이터 보호, 투명성, 다양성과 공정성 등 7가지 원칙을 제시하고 있다.

WHO(2021)는 보건 분야를 위한 AI 윤리 지침을 발표하며, AI가 의료와 공중 보건에 이바지할 수 있는 잠재력을 인정하면서도, 윤리적 문제에 대한 적극적인 대응이

병행되어야 한다고 강조했다. WHO가 제시한 여섯 가지 핵심 원칙은 △자율성 보장 △인간 복지 및 공익 증진 △투명성과 설명 가능성 확보 △책임성과 책무성 △포용성과 형평성 △지속가능성과 대응성이다. 특히 WHO는 2024년 1월, 생성형 AI와 대규모 멀티모달 모델(large multi-modal models) 같은 신기술이 의료 분야에 새로운 위험을 초래할 수 있다는 점을 지적하며 별도의 주의 지침을 추가로 발표했다(WHO, 2025).

한국 정부도 2020년 '사람이 중심이 되는 인공지능 윤리기준'을 마련해 국가 차원의 윤리 원칙을 수립했다(관계부처 합동, 2020). 여기서는 인간의 존엄성, 사회의 공공선, 기술의 합목적성을 3대 원칙으로 제시하고, 이를 구체화한 10대 요건으로 인권 보장, 프라이버시 보호, 다양성 존중, 침해 금지, 공공성, 연대성, 데이터 관리, 책임성, 안전성, 투명성을 포함하고 있다.

세 가지 윤리 지침을 비교해 보면, 책임성 · 안전성 · 투명성 등 주요 원칙이 공통으로 등장하며, AI 윤리에 대한 전반적인 합의가 이루어지고 있음을 확인할 수 있다(Diaz-Asper et al., 2024). 그러나 이들 지침은 산업 전반을 아우르는 보편적 기준이거나, 보건 · 의료처럼 특정 분야를 대상으로 한다는 점에서, 상담 및 심리 치료처럼 '개별적이고 민감한 인간관계를 다루는 전문 영역(황매향, 2021)'에 그대로 적용하기에는 한계가 있다. 상담자는 내담자에게 윤리적으로 민감하고 책임감 있게 접근해야 하므로, 상담 분야의 특수성을 반영한, 더 정교한 윤리적 논의가 필요하다.

## LLM에 따른 상담자 윤리의 쟁점

상담자는 AI를 포함한 최신 기술의 발전에 지속적인 관심을 기울이고, 문제를 예방하는 태도를 갖추어야 한다(Luxton, 2020). 또한, 상담자는 AI 기술 활용의 윤리적 적절성을 판단할 수 있는 전문가로서, 윤리적 쟁점을 식별하고 이에 대한 논의와 의사 결정 과정에 적극적으로 참여할 책임이 있다(황매향, 2021; Luxton, 2020). 내담자에게 LLM을 활용할 때, 상담자가 고려해야 할 윤리적 주제들을 다음과 같이 정리했다.

### 1. 사전 동의 절차의 필요성

최근 1,866명의 상담자를 대상으로 한 실태조사에 따르면, 약 42%가 AI 기반 축어록 프로그램을 활용하였으며, 이 중 약 60%는 내담자의 동의 없이 이를 사용한 것으로 나타났다(강수정 외, 2024). 이는 현장에서 윤리적 기본 원칙이 충분히 수립되지 않고 있음을 짐작하게 한다. 사전 동의는 상담자가 상담 개입 전, 내담자에게 개입의 목적, 기대 효과, 한계 및 위험 요소 등을 충분히 설명하고 동의를 받는 필수적인 윤리 절차다(Corey et al., 2023). LLM이 상담 과정에 활용될 때도, 사용 목적과 범위, 기대되는 이득 및 위험에 대해 내담자에게 명확히 안내하고 동의를 구해야 한다.

### 2. 사생활 보호 및 비밀 보장의 원칙

AI 기술 활용 시 내담자의 사생활과 비밀 보장은 특히 신경 써야 할 윤리적인 원칙이다. 상담자는 개인 정보와 상담 내용이 어떻게 수집, 저장, 활용되는지를 내담자에게 투명하게 알려야 하며, 기술 종사자 또한 개인 정보 보호에 대한 책임 의식을 갖추어야 한다. 정보 윤리 논의에서는 AI가 개인 정보를 활용해 이익을 창출할 수 있더라도, 그 이익이 정보 주체의 권리보다 우선하지 않음을 강조한다(European Union, 2016; Information Commissioner's Office, 2017). 이러한 원칙을 실천하기 위해 상담자와 기술 종사자는 모두 각 영역에서 가능한 노력을 기울여야 하며, 그럼에도 존재할 수 있는 한계는 정직하게 설명되어야 한다.

### 3. 위기 상황 대응

LLM이 위기 상황에 관여하는 경우, 내담자의 안전을 보장할 수 있는 명확한 대응 프로토콜이 요구된다. 예컨대, LLM 상담 챗봇이 자살 위험을 감지한 상황에서 단순히 긴급 전화번호를 안내하거나, 반대로 실제 위기 상황이 아님에도 비밀을 침해하는 과잉 개입은 모두 내담자에게 해가 될 수 있다. 상담자는 주 호소 문제, 심리적 상태, 성격 및 적응 수준 등을 바탕으로 초기 사례 개념화를 수립하고, LLM 챗봇이 개입할 수 있는 사례인지를 판단할 수 있는 기준을 마련해야 한다. 위기 상황에서 LLM을 보조 수단으로 제한하더라도, 협력 수준과 관련 없이 최종 판단과 개입은 인간 전문가의 책임이라는 점을 인식해야 한다.

### 4. 기술적 한계와 책임

LLM은 자연어 생성 능력을 바탕으로 다양한 상담 장면에 활용될 수 있으나, 그 반응의 신뢰성과 일관성에는 한계가 존재한다. 특히 내담자의 비언어적 정서, 감각 상태, 복잡한 관계 맥락을 반영하지 못할 가능성이 있으며, 상담자의 전문적 판단 없이 LLM의 반응을 그대로 적용하는 것은 비치료적이거나 비윤리적일 수 있다. 따라서 상담자와 기술 전문가 모두 LLM의 반응을 사전에 검토하고, 그 한계를 인식하며 반응의 적절성을 지속적으로 점검해야 한다.

### 5. 문화적 민감성과 편향 문제

LLM은 훈련 데이터의 편향을 반영할 수 있어, 문화적 맥락이나 사회적 민감성을 고려하지 못할 때 차별적이거나 부적절한 언어를 생성할 위험이 있다. 이는 내담자에게 상처를 주거나 상담 관계 내 권력 불균형을 재생산할 수 있으므로, 상담자는 이러한 가능성을 인식하고, 부적절한 반응에 대한 책임 있는 후속 조치를 포함해 활용해야 한다.

### 6. 관계 명시와 과의존 방지

LLM 기반 상담 챗봇과의 대화에서 내담자가 이를 인간 상담자와의 관계적 상호 작용으로 오인할 수 있다. 따라서 LLM과 인간 상담자 간의 역할 차이를 분명히 하고, 내담자가 LLM에 과도하게 의존하지 않도록 하는 것이 중요하다. 내담자와의 대화 지속이 LLM 입장의 목표, 즉 자료 수집이나 훈련을 목적으로 유도된다면, 이는 비치료적이고 비윤리적인 개입으로 간주해야 한다.

## 7. 인간 존재의 역할과 대체 불가능성 성찰

LLM을 비롯한 최신 AI 기술이 혁신적인 바람을 몰고 등장한다고 해도, 상담 및 심리 치료의 본질은 여전히 인간의 분투에 있다(Richards, 2024). 상담은 전문성과 인간성을 기르려는 상담자의 노력, 그리고 삶의 문제를 극복하고 성장하려는 내담자의 노력이 만나는 치료적 공간이다. 상담자가 집중해야 할 것은 기술 자체가 아니라, 상담 맥락에서 기술을 어떻게 이해하고 적절히 활용할 것인가 하는 점이다. 상담자는 기술의 장단점을 스스로 판단하고, 기존 윤리 원칙과 조화롭게 적용하며, 내담자와의 사전 동의 및 합의를 통해 사용 여부를 결정해야 한다. 이러한 접근이야말로 가장 치료적이며 윤리적인 실천이다.

## 참고문헌

강수정(2024). 상담 및 심리치료에서 대규모 언어 모델(LLM)의 적용: 기회와 한계 및 윤리적 고려 사항. 《한국디지털콘텐츠학회》, 3751~3759쪽.

강수정 외(2024). 상담자의 비대면 상담 및 디지털 미디어의 윤리적 활용 연구: (사)한국상담심리학회원을 대상으로. 《한국심리학회지: 상담 및 심리치료》, 1613~1644쪽.

관계부처 합동(2020). "사람이 중심이 되는 인공지능(AI) 윤리기준". https://ai.kisdi.re.kr/aieth/bbs/B0000085/view.do?nttId=3

25&menuNo=400014
박연정 외(2023). “인공지능의 교육적 활용을 위한 윤리 지침 개발”. 《교육공학연구》, 1509~1564쪽.
이우권(2020). “인공지능의 윤리적 사용을 위한 정책대안에 관한 연구. 《한국정책논집》, 1~16쪽.
황매향(2021). 《테크놀로지와 상담의 미래》. 학이시습.
Corey, G. et al.(2023). *Issues and ethics in the helping professions(11th ed.)*. Cengage Learning.
Diaz-Asper, C. et al.(2024). A framework for language technologies in behavioral research and clinical applications: Ethical challenges, implications, and solutions. *American Psychologist, 79*(1), pp.79~91.
European Union(2016). Regulation (EU) 2016/679 of the European Parliament and of the Council of 27 April 2016 on the protection of natural persons with regard to the processing of personal data and on the free movement of such data, and repealing Directive 95/46/EC. http://data.europa.eu/eli/reg/2016/679/oj
High-Level Expert Group on Artificial Intelligence(2019). Ethics guidelines for trustworthy AI. European Commission. https://digital-strategy.ec.europa.eu/en/library/ethics-guidelines-trustworthy-ai
Information Commissioner's Office(2017). Big data, artificial intelligence, machine learning and data protection. Data Protection Act and General Data Protection Regulation. https://ico.org.uk/media2/migrated/2013559/big-data-ai-ml-and-data-protection.pdf
Luxton, D. D.(2016). *Artificial intelligence in behavioral and mental health care*. Elsevier Academic Press. 신희천·김은하

옮김(2020). 《인공지능과 상담》. 박영스토리.

Richards, D.(2024). Artificial intelligence and psychotherapy: A counterpoint. *Counselling and Psychotherapy Research, 25*(1), e12758.

Sperry, L.(2006). *The ethical and professional practice of counseling and psychotherapy*. Pearson.

WHO(2021). Ethics and governance of artificial intelligence for health. https://www.who.int/publications/i/item/9789240029200

WHO(2025). Ethics and governance of artificial intelligence for health: Guidance on large multi-modal models. https://www.who.int/publications/i/item/9789240084759

## 10
## 변화하는 시대, 상담자 정체성과 핵심 역량

급변하는 환경 속에서 전문가로서의 정체성을 유지하고 성장하기 위해 핵심 역량을 갖춰야 한다. LLM과 같은 새로운 AI 기술은 상담 현장에 깊이 침투하고 있으나, 인간 상담자의 전문성과 인간성, 그리고 윤리적 책임감은 대체될 수 없다.

종교와 AI?

## 전문가 정체성과 LLM

우리는 불확실성의 시대를 살고 있다. 상담자 역시 변화의 흐름을 실시간으로 체감하고 있다. 2020년 코로나19 이후 상담자는 비대면 상담 환경에 급격히 적응해야 했다. 2022년 오픈AI의 챗지피티(ChatGPT)가 공개된 이후에는 많은 이들이 LLM 챗봇을 활용해 저마다 자신만의 AI 상담자를 만들어 내는 현상(신은빈, 2025.3.18)을 목격하고 있다. 이러한 시대에 인간 상담자는 어떻게 전문가로서의 정체성을 유지하고, 더 나아가 발전시킬 수 있을까?

상담자의 전문가 정체성이란 '자신을 전문가로 바라보고, 전문적 기술과 태도를 통합하여 전문직 공동체의 맥락 안에서 자신을 인식하는 것'이다(Gibson et al., 2010). 국내 상담심리전문가 926명과 상담 경험자 328명의 응답에서도 이러한 정체성이 어떻게 구성되는지를 살펴볼 수 있다(안수정 외, 2021). 이들은 상담 전문가를 전문적 · 인간적 자질, 공인된 자격, 윤리적 책임의 조건을 갖춘 상담자로 인식하였고, 상담은 정서적 지지, 인지적 이해, 적극적 안내, 변화의 지렛대, 관여적 파트너의 역할을 통해 내담자의 주관적 세계를 변화시키는 과정으로 정의되었다. 이는 시대적 변화 속에서도 상담자의 정체성과 가치, 태도가 본질적으로 유지됐음을 보여 준다(안수정 외, 2021).

따라서 LLM 기반 상담 및 심리 치료가 아무리 발전하더라도, 인간 상담자의 정체성은 고유하고 불변하는 특성을 보일 수밖에 없다. AI는 방대한 데이터를 신속히 처리하고 일정한 규칙에 따라 반응하는 데 강점을 지니지만, 인간의 복합적인 정서와 고유한 삶의 맥락을 충분히 이해하고 반영하는 데에는 분명한 한계가 있다. 특히 AI의 추론에 과도하게 의존할 경우, 내담자의 문화적 배경이나 관계적 맥락이 간과되어 부적절한 개입이나 오해로 이어질 수 있다(Richards, 2024).

이러한 우려에 따라, 한국상담심리학회는 상담 장면에서 LLM 기반 AI 도구를 활용할 때, 상담자의 윤리적 책임과 내담자 정보 보호를 최우선 과제로 삼고, AI의 기능과 한계에 대한 설명과 사전 동의, 그리고 전문가로서 임상적 판단의 우선성을 강조하는 윤리적 권고문을 게시했다(한국상담심리학회, 2025.5.14). 이는 불확실성과 급변이 일상화된 시대에 상담자의 전문성이 지향해야 할 근본적인 방향을 환기한다. 결국 상담의 질은 기술의 진보 그 자체보다, 그 기술을 어떻게 해석하고 활용하느냐에 달려 있으며, 이는 상담자의 전문가 정체성을 중심에 둔 태도와 실천에 따라 결정된다.

## 키워야 할 핵심 역량

상담자는 인간 중심의 전문가 정체성을 유지하고 발전시키기 위해, LLM을 포함한 AI 전반의 기술을 통합적으로 이해하고 비판적으로 활용할 수 있는 역량을 갖추어야 한다. 아래 다섯 가지는 앞으로 상담자가 중점적으로 강화해야 할 핵심 역량이다.

### AI 리터러시 역량

상담자는 개방적이고 주도적이며 비판적인 태도로 AI를 배워야 한다. LLM의 작동 원리와 기술적 한계를 명확히 이해해야 한다. 최신 AI 기술을 비판 없이 수용하거나 과도하게 의존하는 것을 경계해야 한다. AI가 제공하는 내담자 관련 자료를 비판적으로 평가하여 최적의 상담 목표와 전략을 수립해야 한다.

### 윤리적 민감성과 의사 결정 역량

상담자는 윤리적 민감성을 갖고 직무를 책임감 있게 수행해야 한다. 이는 자신의 판단과 행동이 내담자와 공동체에 미치는 영향을 자각함으로써 전문가 정체성이 형성된다는 점에서 중요하다(Dollarhide et al., 2023). 어떤 환경에서도 내담자의 안녕과 복지를 최우선으로 고려하며, AI 사용 시 개인 정보 보호, 사전 동의, 기술의 이점과 한계, 윤리적 딜레마에 대해 책임 있게 판단하고 대응해야 한다.

**성찰적 태도와 자기 이해 역량**

상담자는 지속적인 성찰로 자기 이해의 폭을 넓혀야 한다. 특히 기술 의존도가 높아지는 현대 사회에서 자기 성찰과 이해를 더욱 세심하게 다듬을 필요가 있다. 이는 LLM 등 기술의 사용을 비판적으로 판단하고, 기술 중심이 아닌 인간 중심 상담을 실천하는 전문가로 자리매김하는 기반이 된다.

**공감과 복잡성을 담아내는 인간관계 역량**

상담자는 '존재' 그 자체로 가장 강력한 치료적 도구다. 상담 관계를 굳건히 하고 성공적으로 이끄는 핵심은 인간관계 역량이며, 이는 상담자의 존재를 통해 실현된다. 내담자의 문화적 배경과 삶의 맥락, 섬세한 정서와 인지 변화, 양가감정과 인간 갈등의 복잡성을 공감하고 이해하며 반응하는 능력은 오직 진정한 인간 대면 속에서 발휘된다.

### 학제 간 협업 역량

상담자는 데이터 과학자, AI 엔지니어, 정책 입안자 등과의 협력을 통해 LLM 기반 시스템의 효과를 극대화하고 위험성을 최소화해야 한다. 이를 위해 타 분야 전문가의 의견을 비판적으로 경청하고, 상담 전문가로서 윤리적이고 치료 관점을 명확하고 정중하게 제시하는 협업 능력이 필요하다.

## 불확실성 속에서 성장하는 상담자

AI는 이미 일상에 깊이 침투해 있다. 우리는 그 존재를 자각하지 못한 채 함께 살아가고 있을 뿐이다. AI 기술이 충분히 유용하고 일상화되면, 사람들은 더 이상 그것을 AI로 인식하지 않기 때문이다(CNN, 2006.7.25). 이와 마찬가지로, LLM을 포함한 AI 기술이 상담과 심리 치료 영역에 자연스럽게 녹아들게 되는 시점에는, 그 작동 원리나 영향에 대해 비판적으로 검토하지 않은 채 단순히 익숙해질 가능성도 있다.

따라서 AI의 영향력이 점점 커지는 시대에 인간에게 요구되는 태도는 '우리가 무엇을 모르는지조차 모른다는 무지(unknown)'를 인지하려는 성찰적 자세일 수 있다. 무지는 AI 시스템의 오류나 실수, 불확실성으로 인한 예측 불가능성 등 다양한 형태로 나타날 수 있으며, 이 모든 상황이 인간 상담자가 예상하지 못한 상담 과정의 위험 요인으로 이어질 수 있다. 반대로, 이 책에서 지적한 한계점들 가운데 일부는 과도한 우려에 불과해 실제로는 문제로 나타나지 않을 가능성도 있다.

우리가 확실히 알 수 있는 유일한 사실은 불확실성을 완벽히 예측하는 것이 불가능하다는 점이다. 인간 상담자는 이러한 예측 불가능성과 변화 가능성을 전제로 끊임없이 상황을 성찰하며, 윤리적이고 전문적인 태도로 대응해야 한다. 이 과정을 통해 상담자의 전문가 정체성과 핵심 역량이 성장할 것이라 믿는다.

## 참고문헌


신은빈(2025.3.18). "챗GPT로 정신 분석을" … 심리 상담까지 파고든 AI. 뉴스1.
https://www.news1.kr/it-science/general-it/5721838

안수정 외(2021). 상담전문가의 정체성 연구. 《한국심리학회지: 상담 및 심리치료》, 113~158쪽.

한국상담심리학회(2025.5.14). 심리상담에서의 AI 활용에 대한 윤리적 권고문.
https://krcpa.or.kr/bbs/view.asp?page=1&rows=40&task=

ins&bid=bid_3&bord050Seq=816922&boStartDatei=&boEndDatei=&strIsMei=A&searchText=

CNN(2006.7.25). AI set to exceed human brain power. https://edition.cnn.com/2006/TECH/science/07/24/ai.bostrom/

Dollarhide, C. T. et al.(2023). Lessons from professional identity development literature: A qualitative content analysis. *Counselor Education and Supervision, 62*(3), pp.207~221.

Gibson, D. M. et al.(2010). Nontenured assistant professors as American Counseling Association division presidents: The new look of leadership in counseling. *Journal of Counseling & Development, 88*(3), pp.285~292.

Richards, D.(2024). Artificial intelligence and psychotherapy: A counterpoint. *Counselling and Psychotherapy Research, 25*(1), e12758.

## 강수정

가톨릭대학교 교육대학원 상담교육 전공 조교수다. 가톨릭대학교에서 심리학과 상담심리 전공으로 석·박사 학위를 취득했다. (사)한국심리학회·(사)한국상담심리학회 상담심리사 1급 자격을 보유한 상담심리 전문가이자 주 수련 감독자로 활동 중이다. 가톨릭대학교, 연세대학교, 한신대학교에서 상담 및 심리 치료, 상담자 윤리를 비롯한 상담 관련 교과목을 가르쳤고, 다문화 사회정의 상담을 실천하는 '상담사그룹 서로오롯'을 뜻이 맞는 동료들과 운영했다. 상담자 윤리와 전문가 정체성, 다문화 사회 정의 상담, 다문화 지향이 연구 분야이며, 현대 사회를 민감하게 성찰하고 유연하게 적응하는 상담자 교육에 관심이 있다. 상담자의 디지털 윤리에 관한 연구로 "상담자의 온라인 윤리: 내담자 정보 검색 및 활용과 상담자 자기개방"(2018), "상담자의 비대면 상담 및 디지털 미디어의 윤리적 활용 연구"(2024), "상담 및 심리치료에서 대규모 언어 모델의 적용"(2024) 등이 있다. 박사학위 논문에서는 "한국 다문화 사회정의 상담 슈퍼비전 연구: 다문화 지향을 중심으로"(2022)를 연구했으며, 후속 연구를 KCI 및 SSCI 등재 학술지에 게재했다.